마르하반!
기초 아랍어

마르하반!
기초 아랍어

초판 4쇄 발행 2024년 10월 2일

지은이 한신실
펴낸곳 (주)에스제이더블유인터내셔널
펴낸이 양홍걸 이시원

홈페이지 www.siwonschool.com
주소 서울시 영등포구 영신로 166 시원스쿨
교재 구입 문의 02)2014-8151
고객센터 02)6409-0878

ISBN 979-11-6150-435-3
Number 1-550202-18181807-02

이보다 더 쉬울 순 없다

마르하반! 기초 아랍어

한신실 지음

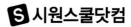

S 시원스쿨닷컴

머리말

مَرْحَبًا!

마르하반! 아랍어 강사 한신실입니다.

<마르하반! 기초 아랍어>를 펼치신 여러분을 진심으로 환영합니다.

여러분은 아랍인들에게 여러분의 이야기를 들려주고 싶고, 아랍인들의 이야기를 듣고 싶은 분들일 것입니다. 소통의 매개로 아랍어를 배우고 있지만, 막상 입 밖으로 문장을 내뱉으려고 하면 '이게 맞는 문장일까?', '못 알아들으면 어쩌지?' 하는 생각에 입을 꾹 다무는 경우가 많으실 거예요. 특히 아랍어를 배우는 분들이 다른 외국어를 배우는 분들에 비해 이러한 고민을 많이 하시는 것 같습니다.

그래서 아랍어 말하기가 두려운 분들을 위해 '말'하는 것에 최우선 목표를 두고 이 책을 만들었습니다. 일상생활에서 접하기 쉬운 주제를 엄선하여 가장 기초가 되는 문장을 목표 문장으로 정하고, 최대한 쉽고 심플한 문장으로 회화문을 구성했습니다. 대화문에 필수적으로 필요한 문법 사항만 다루어 문법 학습에 대한 부담을 최소화하고, 입에서 아랍어가 바로바로 나올 수 있도록 패턴을 활용한 코너를 제시했습니다. 어려운 책으로 혼자 공부하다 보면 아랍어가, 아랍이 멀게 느껴질 수 있기 때문에 기초 회화부터 익히고, 문장을 하나하나 입에 붙여 가며 아랍어를 습득할 수 있도록 하였고, '아랍어 기초 회화' 강의 공식 교재이기 때문에 강의와 병행하면 시너지 효과를 볼 수 있습니다!

인칭이나 시제에 따라 달라지는 부분이나 유용한 표현을 패턴으로 구성하여 문장을 입에 착 붙이고, 강의에서는 문장의 뉘앙스와 문화적인 팁까지 배울 수 있습니다. 훨씬 쉽고 재미있게 아랍어를 학습해 보세요.

아랍어가 미지의 세계같이 멀고 험하게 느껴지겠지만, 아랍어는 분명 여러분의 삶을 윤택하게 만들 '기회'라고 자신합니다. 영어가 아닌 그들의 모국어로, 입으로 말하는 아랍어로 아랍인들의 마음의 문을 열어 보세요. 여러분이 가지고 있는 멋진 생각들을 아랍인들에게 전달하고, 그들과 함께 소통하며 살아가는 것! 너무 기대되지 않나요? 그럼 저와 함께 출발해 봅시다!

아랍어가 여러분의 지니가 되기를 바라며

저자 한신실

한 달 학습 플랜

과	주제	공부한 날
1	인사	월 일
2	자기소개	월 일
3	국적	월 일
4	날씨	월 일
5	감사합니다	월 일
6	소유 표현	월 일
7	성격	월 일
8	취미	월 일
9	운동	월 일
10	시간	월 일
11	감정1	월 일
12	감정2	월 일
13	의견	월 일
14	약속	월 일
15	찬성, 반대	월 일

과	주제	공부한 날
16	소망	월 일
17	쇼핑1	월 일
18	쇼핑2	월 일
19	통화	월 일
20	병원	월 일
21	호텔	월 일
22	식당	월 일
23	대중교통	월 일
24	생일	월 일
25	명절	월 일
26	여행	월 일
27	관광	월 일
28	편지	월 일
29	총정리1 (1~14강)	월 일
30	총정리2 (15~28강)	월 일

목차

이 책의 구성 & 활용법

Part1 준비하기

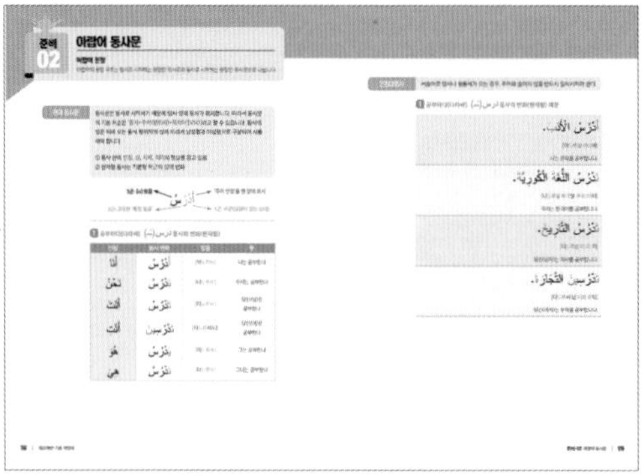

본격적인 회화 강의에 앞서, 준비 강을 통하여 아랍어 문장 구성의 중심이 되는 명사문과 동사문을 정리할 수 있습니다. 인칭대명사와 시제에 따른 동사문까지 한꺼번에 정리해 보세요.

Part2 본 강의

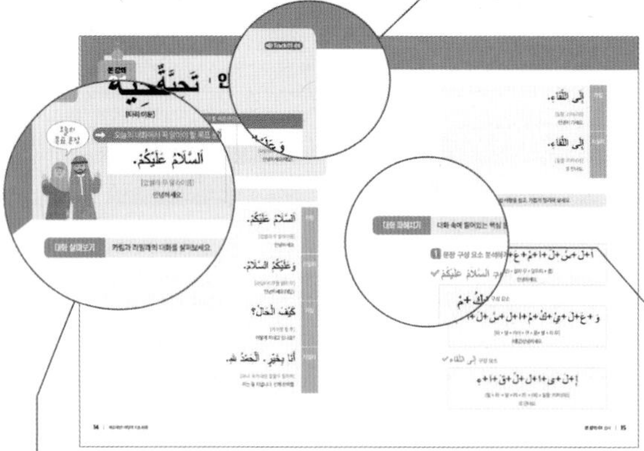

원어민 MP3

매 강 '주제 단어, 목표 문장, 대화 살펴보기'를 원어민 음성으로 제공합니다. 네이티브 발음을 들으면서 흉내 내다 보면, 어느새 원어민처럼 발음하고 있는 자신을 발견할 수 있을 거예요! 네이티브 발음까지 내 것으로 만들어 보세요!

대화 파헤치기

대화문에 사용된 필수 문법 사항을 간결하게 정리했습니다. 길고 지루한 문법이 아닌, 회화에 최적화된 문법을 심플하게 익혀 보세요. 많이 알 필요 없습니다. '대화 파헤치기'에 나온 문법들만 알아도 회화가 쉬워집니다!

오늘의 목표 문장

해당 강 주제에 맞는 쉽고, 핵심이 되는 문장을 목표 문장으로 제시합니다. 의사소통에 있어서 꼭 알아야 하는 문장이므로 반드시 암기하고 넘어갈 수 있도록 여러 번 반복해 보세요!

대화 살펴보기

매 강에서 다루는 테마에 따라 남녀로 구성된 대화문을 제공합니다. 성별에 따른 동사 변화 형태와 함께 심플하면서도 필수적인 문장들을 습득해 보세요. 한국어 독음을 통해 한국어만 알아도 아랍어를 할 수 있도록 구성하였습니다. 아랍어, 쉽게 할 수 있어요!

패턴으로 연습하기

인칭과 시제에 맞게 변화하는 문장을 빠르게 연습할 수 있고, 취미나 외모를 물어보는 표현 등 패턴을 통해 여러 가지 문장을 구사할 수 있도록 구성했습니다. 또한 원하는 문장을 골라서 쓸 수 있도록 동일한 상황에서 사용 가능한 다채로운 문장들을 제공합니다. 자신에게 맞는 문장을 골라 커뮤니케이션에 활용해 보세요!

단어 정리하기

'대화 살펴보기'에서 사용한 단어들을 기본형으로 정리하여 제공합니다. 문장 성분이나 인칭, 시제 등에 따라 변화된 형태가 아닌, 기본형 단어를 참고하여 문장을 파악해 보세요!

마무리 퀴즈

해당 강 목표 문장을 상기하며 아랍어로 작문을 해 보세요. 목표 문장은 반드시 암기해야 하므로, 주어진 한국어 독음을 힌트 삼아 최대한 아랍어로 작성해 보세요!

아랍어란?

본격적인 강의에 앞서, 아랍어의 특징들에 대해 간략하게 정리해 보겠습니다. 차근차근 살펴볼까요?

아랍어(العربية)

아랍어는 UN이 지정한 세계 6대 공용어이자 아랍 연맹 22개국에서 모국어 또는 공용어로 사용하는 언어입니다. 또한 전 세계 57개 이슬람 국가에서 사용하는 종교 언어입니다. 아랍어 문자는 자음과 모음으로 이루어지며, 총 28개의 자음과 3개의 단모음을 기본으로 사용합니다. 아랍어 자음은 라틴어 문자에 이어 두 번째로 많이 사용된다는 특징이 있고, 아랍어를 사용하는 국가는 사우디아라비아, 이집트, 시리아 등 다음과 같습니다.

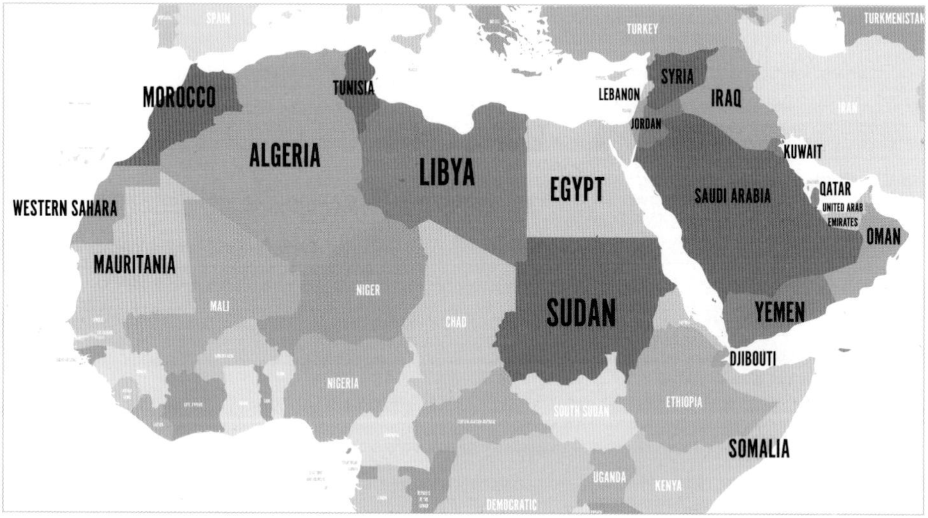

아랍어의 위치별 모양

알파벳은 기본형(독립형)과 위치별 알파벳 모양이 서로 다릅니다. 단어의 맨 앞에 위치할 때에는 **어두형**, 단어의 중간에 위치할 때에는 **어중형**, 단어의 맨 끝에 위치할 때에는 **어말형**이라고 지칭합니다. ‘ب 바’로 어두형, 어중형, 어말형이 어떻게 다른지 살펴봅시다.

어말형(단어 끝)	어중형(단어 중간)	어두형(단어 앞)	독립형
ـب	ـبـ	بـ	ب

아랍어의 표기

- 모음 표기: **자음의 위·아래**에 주로 빗금 형태로 표시합니다.

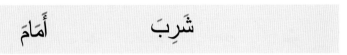

شَرِبَ　　　أَمَامَ

- 특징: 기본적으로 알파벳을 **연결**하여 표기하지만, و ز ر ذ د أ 의 6가지 알파벳은 뒤에 다른 알파벳이 연결되지 않습니다.

مكتب

م + ك + ت + ب

<뒤에 다른 자음과 연결되지 않는 알파벳 예>

و	ز	ر	ذ	د	أ
와우 [우, w]	Zaay [ㅈ, z]	raa [ㄹ, r]	dhaal [ㄷ, dh]	달 [ㄷ, d]	알리프 함자 [아, ']
مَوْزٌ	زَيْتٌ	شَرِبَ	هَذَا	دَرَسَ	أَمَامَ
[마우준] 바나나	[자이툰] 올리브	[샤리바] 마시다	[하:다:] 이것	[다라싸] 공부하다	[아마:마] 앞

- 쓰는 방향: **오른쪽에서 왼쪽**으로 쓰며, 숫자의 경우에만 왼쪽에서 오른쪽으로 씁니다.

شَرِبَ	شَرِ	شَ
③	②	①

← 쓰는 방향

아랍어의 구성

알파벳 이름과 음가를 눈으로 보면서 28개의 자음과 3개의 단모음을 정리해 보고, 장모음까지 체크해 보세요.

1. 자음

خ (알파벳 이름 / 음가)	ح	ج	ث	ت	ب	أ
Khaa [ㅋㅎ, kh]	haa [ㅎ, h]	쥠 [ㅈ, j]	tha [th]	타 [ㅌ, t]	바 [ㅂ, b]	알리프 함자 [아, ']
ص	ش	س	ز	ر	ذ	د
쏴드/써드 [ㅅ, s]	쉰 [ㅅ, sh]	씬 [ㅆ, ss]	zaay [ㅈ, z]	raa [ㄹ, r]	dhaal [ㄷ, dh]	달 [ㄷ, d]
ق	ف	غ	ع	ظ	ط	ض
까프 [ㄲ, q]	파 [ㅍ, f]	가인 [ㄱㅎ, gh]	아인 [ㅇ, ']	돠/좌 [ㄷㅈ, dz]	똬[ㄸ, t]	돠드/더드 [ㄷ, d]
ي	و	ه	ن	م	ل	ك
야 [y]	와우 [우, w]	하 [ㅎ, h]	눈 [ㄴ, n]	밈 [ㅁ, m]	람 [ㄹ, l]	카프 [ㅋ, k]

2. 모음

아랍어의 기본 모음은 'a, u, i' 세 가지로 구성됩니다. 'a' 모음은 **자음 위**에 작은 빗금으로 표기하고, 'i'는 **자음 아래**에 빗금으로 표기합니다. 'u'는 **자음 위에 리본처럼** 표시합니다. 단모음을 길게 발음하는 장모음은 우측 표와 같이 표기합니다.

단모음	
A 모음 [아]	ـَ
I 모음 [이]	ـِ
U 모음 [우]	ـُ

장모음	
A 모음 [아:]	ـَا
I 모음 [이:]	ـِي
U 모음 [우:]	ـُو

모음과 함께 쓰는 발음 기호

아랍어에는 모음 외에도 발음을 돕기 위해 다음과 같은 부호를 사용합니다. 단모음과 비슷한 형태의 것도 있고 아예 다른 형태의 것도 있으므로 주의하며 정리해 보세요.

1. 수쿤(ْ): 모음이 없다는 표시로, 우리말 모음 'ㅡ'에 해당되는 발음입니다. 받침으로 들어가는 경우와 한글 모음 'ㅡ'와 결합하는 경우가 있습니다. 수쿤은 자음 위에 ـْ (원 형태)로 표기합니다.

받침으로 들어가는 경우	تَعَالْ [타알:] 오세요
한글 모음 'ㅡ'와 결합하는 경우	نِصْف [니스프] 1/2, 30분

2. 샷다(ّ): 두 개의 같은 자음(수쿤이 있는 자음+모음이 있는 자음)이 겹쳐서 발음되는 것을 표기합니다.

a 모음과 결합하는 경우	بَّ [ㅂ바]
i 모음과 결합하는 경우	بِّ [ㅂ비]
u 모음과 결합하는 경우	بُّ [ㅂ부]

3. 타 마르부타(ة): 아랍어는 언어의 특성상 남성형과 여성형 단어로 나뉘며, 어미에 별도 표기가 없는 일반 단어는 남성형입니다. '타 마르부타'는 여성형 어미로써 단어의 마지막에 위치하고, 독립형(ة)과 어말형(ـة) 두 가지 형태만 존재합니다. 타 마르부타의 음가는 [ㅌ, t]지만, 실제로는 거의 발음하지 않는다는 점을 팁으로 알아두세요.

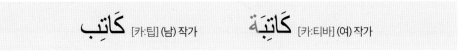

كَاتِب [카:팁] (남) 작가 كَاتِبَة [카:티바] (여) 작가

4. 탄윈(ـً ـٍ ـٌ): '모음이 더블'이라는 더블 모음 표기이며, 마지막 모음이 탄윈으로 끝날 때는 발음에 'ㄴ 받침(n음)'이 추가됩니다.

بًا [반] بٍ [빈] بٌ [분]

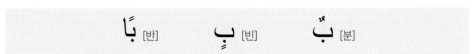

* 탄윈 목적격 남성형의 경우, 아무런 음가와 의미가 없는 알리프가 추가 표기됩니다.

준비 01

아랍어 명사문

아랍어 문장

아랍어의 문장 구조는 명사로 시작하는 문장인 **명사문**과 동사로 시작하는 문장인 **동사문**으로 나뉩니다.

명사문의 특징

① **상태나 존재** 의미
② '~은 ~이다, ~은 ~에 있다' 의미
③ 영어의 be 동사를 쓴 문장과 유사한 개념

술부	주부
명사, 대명사, 형용사, 부사, 전치사구	명사, 대명사

술부	주부
سَلِيمٌ [쌀리:문] 살림입니다	أَنَا [아나:] 저는

술부	주부
مَرْيَمُ [마르야무] 마르얌입니다	أَنْتِ [안티] 당신(여)은

술부	주부
فَرِيدٌ [파리:둔] 파리드입니다	هَذَا [하:다:] 이 분은

인칭대명사

아랍어의 인칭대명사는 독립인칭대명사와 접미인칭대명사로 나뉩니다.
독립인칭대명사는 항상 **단독**으로 사용되고, 접미인칭대명사는 항상 **명사, 동사, 전치사 등의 뒤에 연결**됩니다.

독립인칭대명사 : '나, 당신' 등 사람을 지칭하는 대명사, 독립적으로 사용

문장에서 '주어'로 사용되며 인칭, 성, 수에 따라 변합니다. 항상 다른 단어에 이어서 사용되지 않고, **단독**으로 사용된다는 점이 특징입니다.

✔ 단수

1인칭	2인칭 남성	2인칭 여성	3인칭 남성	3인칭 여성
أَنَا	أَنْتَ	أَنْتِ	هُوَ	هِيَ
[아나:]	[안타]	[안티]	[후와]	[히야]
나는	당신(남)은	당신(여)은	그는	그녀는

✔ 복수

1인칭	2인칭 남성	2인칭 여성	3인칭 남성	3인칭 여성
نَحْنُ	أَنْتُمْ	أَنْتُنَّ	هُمْ	هُنَّ
[나흐누]	[안툼]	[안투나]	[훔]	[훈나]
우리는	당신들(남)은	당신들(여)은	그들은	그녀들은

أَنَا مَرْيَمُ.

[아나: 마르야무]

저는 마르얌입니다.

هُوَ سَالِمٌ.

[후와 쌀:리문]

그는 살림입니다.

هِيَ كَرِيمَةٌ.

[히야 카리:마투]

그녀는 카리마입니다.

접미인칭대명사 : '나의, 당신의' 등 소유 관계를 나타내거나 목적어 역할을 하는 대명사, 다른 단어의 뒤에 연결하여 사용

항상 **명사, 동사, 전치사 뒤에 연결**되며, 명사와 연결될 때는 '소유격'으로 해석하고, 동사와 연결될 때는 '목적격'으로 해석합니다.

명사	동사
소유격	목적격

✔ 단수

1인칭	2인칭 남성	2인칭 여성	3인칭 남성	3인칭 여성
ـِي، نِي	كَ	كِ	هُ	هَا
[니:], [이:] 나의	[카] 당신(남)의	[키] 당신(여)의	[후] 그의	[하:] 그녀의

✔ 복수

1인칭	2인칭 남성	2인칭 여성	3인칭 남성	3인칭 여성
نَا	كُمْ	كُنَّ	هُمْ	هُنَّ
[나:] 우리의	[쿰] 당신들(남)의	[쿤나] 당신들(여)의	[훔] 그들의	[훈나] 그녀들의

اِسْمٌ + ـِي

[이:] + [이쓰문]

나의 + 이름

←

اِسْمِي

[이쓰미:]

나의 이름은

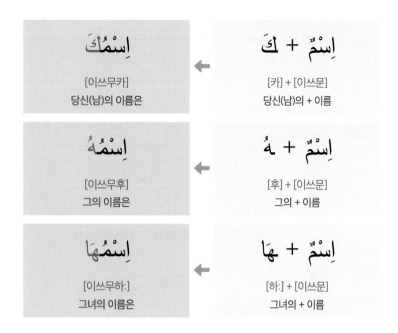

اِسْمُكَ [이쓰무카] **당신(남)**의 이름은	←	اِسْمٌ + كَ [카] + [이쓰문] 당신(남)의 + 이름
اِسْمُهُ [이쓰무후] **그의** 이름은	←	اِسْمٌ + هُ [후] + [이쓰문] 그의 + 이름
اِسْمُهَا [이쓰무하:] **그녀의** 이름은	←	اِسْمٌ + هَا [하:] + [이쓰문] 그녀의 + 이름

명사문의 종류 서술어로 명사나 형용사가 오는 경우, 주어와 술어의 성을 반드시 일치시켜야 한다.

- 명사(서술어) + 명사류(주어)

مُحَمَّدٌ طَالِبٌ .

[무함마둔 똴:리분] 무함마드는 학생이다.

- 형용사(서술어) + 명사류(주어)

اَلْكُرَةُ كَبِيرَةٌ.

[알쿠라투 카비:라툰] 공은 크다.

- 전치사구(서술어) + 명사류(주어)

اَلْكِتَابُ عَلَى الْمَكْتَبِ .

[알키타:부 알랄: 마크타비] 책은 책상 위에 있다.

*** 명사류: 동사와 불변사(의문사, 감탄사, 전치사, 접속사 등 변화가 없는 품사)를 제외한 품사를 뜻한다. 주로 형용사, 인칭대명사, 지시대명사, 동명사 등의 품사가 이에 해당한다.**

준비 02

아랍어 동사문

아랍어 문장

아랍어의 문장 구조는 명사로 시작하는 문장인 명사문과 동사로 시작하는 문장인 동사문으로 나뉩니다.

현재 동사문

동사문은 동사로 시작하기 때문에 명사 앞에 동사가 위치합니다. 따라서 동사문의 기본 어순은 '동사+주어(행위자)+목적어'[VSO]라고 할 수 있습니다. 동사의 성은 뒤에 오는 동사 행위자의 성에 따라서 남성형과 여성형으로 구분하여 사용해야 합니다.

① 동사 안에 인칭, 성, 시제, 의미의 정보를 담고 있음
② 현재형 동사는 기본형 어근의 앞이 변화

أَدْرُسُ

3근: [u] 모음
'주어 인칭'을 맨 앞에 표시
2근: 고유한 '특징 모음'
1근: 수쿤(모음이 없는 상태)

1 공부하다[다라싸] (ـُـ) دَرَسَ 동사의 변화(현재형)

인칭	동사 변화	발음	뜻
أَنَا	أَدْرُسُ	[아드루쑤]	나는 공부한다
نَحْنُ	نَدْرُسُ	[나드루쑤]	우리는 공부한다
أَنْتَ	تَدْرُسُ	[타드루쑤]	당신(남)은 공부한다
أَنْتِ	تَدْرُسِينَ	[타드루씨:나]	당신(여)은 공부한다
هُوَ	يَدْرُسُ	[야드루쑤]	그는 공부한다
هِيَ	تَدْرُسُ	[타드루쑤]	그녀는 공부한다

인칭대명사 서술어로 명사나 형용사가 오는 경우, 주어와 술어의 성을 반드시 일치시켜야 한다.

1 공부하다[다라싸] دَرَسَ (ـُ) 동사의 변화(현재형) 예문

أَدْرُسُ الْأَدَبَ.

[아드루쑬 아다바]

나는 문학을 공부합니다.

نَدْرُسُ اللُّغَةَ الْكُورِيَّةَ.

[나드루쑬 루가탈 쿠:리:야타]

우리는 한국어를 공부합니다.

تَدْرُسُ التَّارِيخَ.

[타드루쑽 타:리:카]

당신(남자)는 역사를 공부합니다.

تَدْرُسِينَ التِّجَارَةَ.

[타드루씨:낱 티좌:라타]

당신(여자)는 무역을 공부합니다.

يَدْرُسُ السِّيَاسَةَ.

[야드루쑸 씨야:싸타]

그는 정치를 공부합니다.

تَدْرُسُ اللُّغَةَ الْعَرَبِيَّةَ.

[타드루쑬 루가탈 아라비:야타]

그녀는 아랍어를 공부합니다.

과거 동사문 과거 동사문은 기본형 어근의 뒤가 변화하므로 각 인칭별 특징은 꼭 암기해야 합니다.

✔ **인칭별 특징**

	أَنَا	نَحْنُ	أَنْتَ	أَنْتِ	هُوَ	هِيَ
과거	ـــْتُ	ـــْنَا	ـــْتَ	ـــْتِ	원형	ـتْ 원형

✔ (ـُ) دَرَسَ **공부하다 [다라싸] 동사의 과거형**

	أَنَا	نَحْنُ	أَنْتَ	أَنْتِ	هُوَ	هِيَ
과거	دَرَسْتُ	دَرَسْنَا	دَرَسْتَ	دَرَسْتِ	دَرَسَ	دَرَسَتْ
발음	[다라쓰투]	[다라쓰나:]	[다라쓰타]	[다라쓰티]	[다라싸]	[다라싸트]
뜻	나는 공부했다	우리는 공부했다	당신(남)은 공부했다	당신(여)은 공부했다	그는 공부했다	그녀는 공부했다

1 공부하다[다라싸] (ـُـ) دَرَسَ 동사의 변화(현재형) 예문

دَرَسْتُ الْأَدَبَ.

[다라쓰툴 아다바]

나는 문학을 공부했다.

دَرَسْنَا اللُّغَةَ الْكُورِيَّةَ.

[다라쓰나: 알루가탈 쿠:리:야타]

우리는 한국어를 공부했다.

دَرَسْتَ التَّارِيخَ.

[다라쓰타 알타:리:카]

당신(남)는 역사를 공부했다.

دَرَسْتِ التِّجَارَةَ.

[다라쓰티 알티좌:라타]

당신(여)는 무역을 공부했다.

دَرَسَ السِّيَاسَةَ.

[다라싸 앗씨야:싸타]

그는 정치를 공부했다.

دَرَسَتْ اللُّغَةَ الْعَرَبِيَّةَ.

[다라싸트 알루가탈 아라비:야타]

그녀는 아랍어를 공부했다.

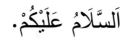

본 강의 01 تَحِيَّةٌ | 인사

[타히:야툰]

➡ 오늘의 대화에서 꼭 알아야 할 목표 문장을 체크해 보세요.

اَلسَّلَامُ عَلَيْكُمْ.	وَعَلَيْكُمُ السَّلَامُ.
[앗쌀라:무 알라이쿰] 안녕하세요.	[와알라이쿠뭇 쌀라:무] 안녕하세요(대답).

대화 살펴보기

카림과 라일라의 대화를 살펴보세요.

카림

اَلسَّلَامُ عَلَيْكُمْ.

[앗쌀라:무 알라이쿰]
안녕하세요.

라일라

وَعَلَيْكُمُ السَّلَامُ.

[와알라이쿠뭇 쌀라:무]
안녕하세요(대답).

카림

كَيْفَ الْحَالُ؟

[카이팔 할:루]
어떻게 지내고 있나요?

라일라

أَنَا بِخَيْرٍ. اَلْحَمْدُ لِلّٰهِ.

[아나: 비카이린. 알함두 릴라히]
저는 잘 지냅니다. 신께 찬미를.

카림	إِلَى اللِّقَاءِ. [일랄: 리까:(이)] 안녕히 가세요.
라일라	إِلَى اللِّقَاءِ. [일랄: 리까:(이)] 또 만나요.

대화 파헤치기

대화 속에 들어있는 핵심 문법 사항을 쉽고, 가볍게 정리해 보세요.

1 문장 구성 요소 분석하기

✔ اَلسَّلَامُ عَلَيْكُمْ 구성 요소

اَ+ل+سَّ+لَ+ا+مُ+عَ+لَ+يْ+كُ+مْ

[(앗) + 쌀라:무 + 알라이 + 쿰]

안녕하세요.

✔ وَعَلَيْكُمُ السَّلَامُ 구성 요소

وَ+عَ+لَ+يْ+كُ+مُ+ا+ل+سَّ+لَ+ا+مُ

[와 + 알 + 라이 + 쿠 + 뭈+ 쌀 + 라:무]

(대답)안녕하세요.

✔ إِلَى اللِّقَاءِ 구성 요소

إِ+لَ+ى+ا+ل+لِّ+قَ+ا+ءِ

[일 + 라: + 알 + 리 + 까: + (이) = 일랄: 리까:(이)]

또 만나요.

2 인칭대명사와 접미인칭대명사

아랍어의 인칭대명사는 **독립인칭대명사**와 **접미인칭대명사**로 나뉩니다.
독립인칭대명사는 항상 단독으로 사용되고, 접미인칭대명사는 항상 명사, 동사, 전치사 등의 뒤에 연결됩니다.

독립인칭대명사 : '나, 당신' 등 사람을 지칭하는 대명사, 독립적으로 사용

문장에서 '주어'로 사용되며 인칭, 성, 수에 따라 변합니다. 항상 **단독**으로 사용됩니다.

✔ 단수

1인칭	2인칭 남성	2인칭 여성	3인칭 남성	3인칭 여성
أَنَا	أَنْتَ	أَنْتِ	هُوَ	هِيَ
[아나:] 나는	[안타] 당신(남)은	[안티] 당신(여)은	[후와] 그는	[히야] 그녀는

✔ 복수

1인칭	2인칭 남성	2인칭 여성	3인칭 남성	3인칭 여성
نَحْنُ	أَنْتُمْ	أَنْتُنَّ	هُمْ	هُنَّ
[나흐누] 우리는	[안툼] 당신들(남)은	[안툰나] 당신들(여)은	[훔] 그들은	[훈나] 그녀들은

접미인칭대명사 : '나의, 당신의' 등 소유 관계를 나타내거나 목적어 역할을 하는 대명사, 다른 단어의 뒤에 연결하여 사용

항상 **명사, 동사, 전치사 뒤에 연결**되며, 명사와 연결될 때는 '소유격'으로 해석하고, 동사와 연결될 때는 '목적격'으로 해석합니다.

✔ 단수

1인칭	2인칭 남성	2인칭 여성	3인칭 남성	3인칭 여성
ـِي ، نِي	كَ	كِ	هُ	هَا
[니:], [이:] 나의	[카] 당신(남)의	[키] 당신(여)의	[후] 그의	[하:] 그녀의

✔ 복수

1인칭	2인칭 남성	2인칭 여성	3인칭 남성	3인칭 여성
نَا	كُمْ	كُنَّ	هُمْ	هُنَّ
[나:] 우리의	[쿰] 당신들(남)의	[쿤나] 당신들(여)의	[훔] 그들의	[훈나] 그녀들의

패턴으로 연습하기

오늘의 주제와 관련된 다양한 문장을 익혀 보세요.

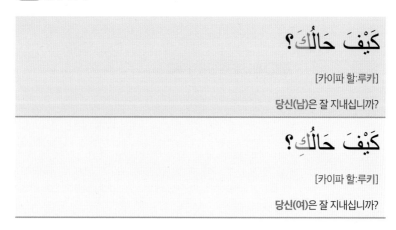

안부 묻기

كَيْفَ حَالُكَ؟

[카이파 할:루카]

당신(남)은 잘 지내십니까?

كَيْفَ حَالُكِ؟

[카이파 할:루키]

당신(여)은 잘 지내십니까?

كَيْفَ حَالُهُ؟

[카이파 할:루후]

그는 잘 지내십니까?

كَيْفَ حَالُهَا؟

[카이파 할:루하:]

그녀는 잘 지내십니까?

안부 묻기(대답)

أَنَا بِخَيْرٍ.

[아나: 비카이린]

저는 잘 지냅니다.

هُوَ بِخَيْرٍ.

[후와 비카이린]

그는 잘 지냅니다.

هِيَ بِخَيْرٍ.

[히야 비카이린]

그녀는 잘 지냅니다.

만났을 때 인사와 대답

مَرْحَبًا.

[마르하반]

안녕하세요.

مَرْحَبًا (بِكَ).

[마르하반 (비카)]

안녕하세요(대답).

أَهْلًا وَسَهْلًا.

[아흘란 와싸흘란]

환영합니다.

أَهْلًا بِكَ.

[아흘란 비카]

환영합니다(대답).

صَبَاحَ الْخَيْرِ.

[쏴바:할 카이리]

좋은 아침입니다.

صَبَاحَ النُّورِ.

[쏴바:한 누:리]

좋은 아침입니다(대답).

مَسَاءَ الْخَيْرِ.

[마싸:알 카이리]

좋은 저녁입니다.

مَسَاءَ النُّورِ.

[마싸:안 누:리]

좋은 저녁입니다(대답).

헤어질 때 인사

إِلَى اللِّقَاءِ.

[일랄: 리까:(이)]

또 만나요.

مَعَ السَّلَامَةِ.

[마앗 쌀라:마티]

안녕히 가세요.

فُرْصَةٌ سَعِيدَةٌ.

[푸르쏴툰 싸이:다툰]

만나서 반가웠습니다.

تُصْبِحُ عَلَى خَيْرٍ.

[투쓰비후 알라: 카이린]

안녕히 주무세요.

단어 정리하기 오늘 배운 대화 속 단어들을 정리해 봅시다.

아랍어	독음	뜻
اَلسَّلَامُ عَلَيْكُمْ	[앗쌀라:무 알라이쿰]	안녕하세요
وَعَلَيْكُمُ السَّلَامُ	[와알라이쿠뭇 쌀라:무]	안녕하세요(대답)
كَيْفَ	[카이파]	어떻게
حَالٌ	[할:룬]	상황
بِخَيْرٍ	[비카이린]	좋음, 잘 지냄

اَلْحَمْدُ لِلّٰهِ	[알함두 릴라히]	신께 찬미를
إِلَى اللِّقَاءِ	[일랄: 리까:(이)]	또 만나요

마무리 퀴즈 주어진 한국어 뜻과 발음을 참고하여 오늘 배운 아랍어 문장을 써 보세요.

1. 당신 잘 지내십니까? [카이파 할:루카]

______________________ ←

2. 저는 잘 지냅니다. 신께 찬미를. [아나: 비카이린. 알함두 릴라히]

______________________ ←

3. 안녕하세요(대답). [와알라이쿠뭈 쌀라:무]

______________________ ←

4. 안녕히 가세요. [일랄: 리까:(이)]

______________________ ←

정답

1. كَيْفَ حَالُكَ؟
2. أَنَا بِخَيْرٍ. اَلْحَمْدُ لِلّٰهِ.
3. وَعَلَيْكُمُ السَّلَامُ.
4. إِلَى اللِّقَاءِ.

본 강의 02

تَعْرِيفٌ بِنَفْسِهِ [타으리:픈 비낲씨히]

Track 02

자기소개

➡ 오늘의 대화에서 꼭 알아야 할 목표 문장을 체크해 보세요.

مَا اِسْمُكَ؟	اِسْمِي كَرِيمٌ.
[마: 이쓰무카] 당신의 이름은 무엇입니까?	[이쓰미: 카리:문] 제 이름은 카림입니다.

대화 살펴보기 라일라과 카림의 대화를 살펴보세요.

라일라

مَا اِسْمُكَ؟

[마: 이쓰무카]
당신의 이름은 무엇인가요?

카림

اِسْمِي كَرِيمٌ. وَأَنْتِ؟

[이쓰미: 카리:문. 와안티]
제 이름은 카림입니다. 당신은요?

라일라

اِسْمِي لَيْلَى.

[이쓰미: 라일라:]
제 이름은 라일라입니다.

카림

كَمْ عُمْرُكِ؟

[캄 우므루키]
당신은 몇 살이신가요?

라일라	عُمْرِي سَبْعَةٌ وَعِشْرُونَ سَنَةً. وَأَنْتَ؟ [우므리: 싸브아툰 와이슈루:나 싸나탄. 와안타] 저는 27살입니다. 당신은요?
카림	عُمْرِي أَرْبَعَةٌ وَثَلَاثُونَ سَنَةً. [우므리: 아르바아툰 와쌀라:쑤:나 싸나탄] 저는 34살입니다.
라일라	مَا رَقْمُ هَاتِفِكَ؟ [마: 라끄무 하:티피카] 전화번호가 무엇인가요?
카림	رَقْمُ هَاتِفِي ***** [라끄무 하:티피: *****] 제 전화번호는 *****입니다.

대화 파헤치기 대화 속에 들어있는 핵심 문법 사항을 쉽고, 가볍게 정리해 보세요.

1 아랍어 숫자 1~10 رَقْمٌ : 남성형

때에 따라 타 마르부타가 탈락하거나 모음이 바뀌기도 하기 때문에, 아랍어 숫자는 **자음 위주**로 기억해야 헷갈리지 않습니다.

1	2	3	4	5
وَاحِدٌ	اِثْنَانِ	ثَلَاثَةٌ	أَرْبَعَةٌ	خَمْسَةٌ
[와:히둔]	[이쓰나:니]	[쌀라:싸툰]	[아르바아툰]	[캄싸툰]
6	7	8	9	10
سِتَّةٌ	سَبْعَةٌ	ثَمَانِيَةٌ	تِسْعَةٌ	عَشَرَةٌ
[씯타툰]	[싸브아툰]	[싸마:니야툰]	[티쓰아툰]	[아샤라툰]

2 십의 자리 읽고 쓰기

✔ **1의 자리를 먼저** 쓰거나 읽고, 그 다음 10의 자리를 쓰거나 읽습니다.

11	13
حَادِيَةَ عَشْرَةَ	ثَلَاثَةَ عَشَرَ
② 10의 자리 ① 1의 자리	② 10의 자리 ① 1의 자리
[하:디야타 아슈라타]	[쌀라:싸타 아샤라]

✔ 30, 40 등 10의 자리 숫자를 표현할 때에는 1의 자리 남성형 뒤에 타 마르부타를 삭제한 후, وُنَ를 붙입니다.

ثَلَاثُونَ	وُنَ	+	ثَلَاثَةٌ
[쌀라:쑤:나]	[우:나]		[쌀라:싸툰]
30		3	

✔ 10의 자리 숫자들

30	ثَلَاثُونَ	[쌀라:쑤:나]
40	أَرْبَعُونَ	[아르바우:나]
50	خَمْسُونَ	[캄쑤:나]
60	سِتُّونَ	[씻투:나]
70	سَبْعُونَ	[싸브우:나]
80	ثَمَانُونَ	[싸마:누:나]
90	تِسْعُونَ	[티쓰우:나]

패턴으로 연습하기 오늘의 주제와 관련된 다양한 문장을 익혀 보세요.

이름 묻기

مَا اِسْمُكَ؟

[마: 이쓰무카]

당신(남)의 이름은 무엇입니까?

مَا اِسْمُكِ؟

[마: 이쓰무키]

당신(여)의 이름은 무엇입니까?

مَا اِسْمُهُ؟

[마: 이쓰무후]

그의 이름은 무엇입니까?

مَا اِسْمُهَا؟

[마: 이쓰무하:]

그녀의 이름은 무엇입니까?

나이 묻기

كَمْ عُمْرُكَ؟

[캄 우므루카]

당신(남)은 몇 살입니까?

كَمْ عُمْرُكِ؟

[캄 우므루키]

당신(여)은 몇 살입니까?

كَمْ عُمْرُهُ؟

[캄 우므루후]

그는 몇 살입니까?

كَمْ عُمْرُهَا؟

[캄 우므루하:]

그녀는 몇 살입니까?

전화번호 묻기

مَا رَقْمُ هَاتِفِكَ؟

[마: 라끄무 하:티피카]

당신(남)의 전화번호는 무엇입니까?

مَا رَقْمُ هَاتِفِكِ؟

[마: 라끄무 하:티피키]

당신(여)의 전화번호는 무엇입니까?

مَا رَقْمُ هَاتِفِهُ؟

[마: 라끄무 하:티피후]

그의 전화번호는 무엇입니까?

مَا رَقْمُ هَاتِفِهَا؟

[마: 라끄무 하:티피하:]

그녀의 전화번호는 무엇입니까?

단어 정리하기 | 오늘 배운 대화 속 단어들을 정리해 봅시다.

아랍어	독음	뜻
مَا	[마:]	무엇(+명사)
اِسْمٌ	[이쓰문]	이름
وَ	[와]	~와(과)
كَمْ	[캄]	얼마, 몇
عُمْرٌ	[우므룬]	나이
سَبْعَةٌ وَعِشْرُونَ	[싸브아툰 와이슈루:나]	스물 일곱, 27
أَرْبَعَةٌ وَثَلَاثُونَ	[아르바아툰 와쌀라:쑤:나]	서른 넷, 34
رَقْمُ هَاتِفٍ	[라끄무 하:티핀]	전화번호

마무리 퀴즈 | 주어진 한국어 뜻과 발음을 참고하여 오늘 배운 아랍어 문장을 써 보세요.

1. 당신의 이름은 무엇입니까? [마: 이쓰무카]

_______________________________ ←

2. 제 이름은 카림입니다. [이쓰미: 카리:문]

_______________________________ ←

정답

1. مَا اِسْمُكَ؟
2. اِسْمِي كَرِيمٌ.

본 강의 03

جِنْسِيَّةٌ | 국적

[쥔씨:야툰]

Track 03

➡ 오늘의 대화에서 꼭 알아야 할 목표 문장을 체크해 보세요

مِنْ أَيْنَ أَنْتَ؟	أَنَا مِنْ كُورِيَا.
[민 아이나 안타] 당신은 어디 출신입니까?	[아나: 민 쿠:리야:] 저는 한국 사람입니다.

대화 살펴보기 입국 심사 직원와 민수의 대화를 살펴보세요.

입국 심사 직원

مِنْ أَيْنَ أَنْتَ؟

[민 아이나 안타]

당신은 어디 출신입니까?

민수

أَنَا مِنْ كُورِيَا.

[아나: 민 쿠:리야:]

저는 한국에서 왔습니다.

입국 심사 직원

مَا عَمَلُكَ؟

[마: 아말루카]

당신의 직업이 뭔가요?

민수

أَنَا طَبِيبٌ.

[아나: 똬비:분]

저는 의사입니다.

대화 파헤치기 대화 속에 들어있는 핵심 문법 사항을 쉽고, 가볍게 정리해 보세요.

1 관계형용사: 명사에서 파생된 형용사

명사의 원래 의미에서 파생된(관계된) 형용사를 '관계형용사'라고 합니다. 관계형용사는 주로 명사 뒤에 ـِيٌّ / ـِيَّةٌ (이윤_남성형/이야툰_여성형)을 붙여서 만듭니다. 국가명이나 지역명을 사용하여 형용사를 만들 경우 주로 '국적이나 출신'을 나타냅니다.

✔ 기본형: 명사 뒤에 ـِيٌّ/ـِيَّةٌ(이:윤/이:야툰) 붙이기

لُبْنَانِيٌّ	←	لُبْنَان + ـِيٌّ	←	لُبْنَانُ
[루브나:니:윤] 레바논의, 레바논인(남)		관계형용사(남) + 레바논		[루브나:누] 레바논

تَقْلِيدِيٌّ	←	تَقْلِيد + ـِيٌّ	←	تَقْلِيدٌ
[타끌리:디:윤] 전통적인(남)		관계형용사(남) + 전통		[타끌리:둔] 전통

✔ 관계형용사 예시

나라	~인, ~의(남)	~인, ~의(여)	~어(語)
اَلْعَرَبُ [알아라부] 아랍	عَرَبِيٌّ [아라비:윤] (남)아랍인, 아랍의	عَرَبِيَّةٌ [아라비:야툰] (여)아랍인, 아랍의	اَلْعَرَبِيَّةُ [알아라비:야투] 아랍어
كُورِيَا [쿠:리야:] 한국	كُورِيٌّ [쿠:리:윤] (남)한국인, 한국의	كُورِيَّةٌ [쿠:리:야툰] (여)한국인, 한국의	اَلْكُورِيَّةُ [알쿠:리:야투] 한국어

فَرَنْسَا [파란싸:] 프랑스	فَرَنْسِيٌّ [파란씨:윤] (남)프랑스인, 프랑스의	فَرَنْسِيَّةٌ [파란씨:야툰] (여)프랑스인, 프랑스의	اَلْفَرَنْسِيَّةُ [알파란씨:야투] 프랑스어
اَلصِّينُ [앗씌:누] 중국	صِينِيٌّ [씌:니:윤] (남)중국인, 중국의	صِينِيَّةٌ [씌:니:야툰] (여)중국인, 중국의	اَلصِّينِيَّةُ [앗씌:니:야투] 중국어

2 관계형용사 예문

هَلْ أَنْتَ كُوَيْتِيٌّ؟

[할 안타 쿠와이티:윤]

당신은 쿠웨이트인입니까?

لَا، أَنَا قَطَرِيٌّ.

[라:, 아나: 까똬리:윤]

아니요, 저는 카타르인입니다.

패턴으로 연습하기 오늘의 주제와 관련된 다양한 문장을 익혀 보세요.

출신 묻기

مِنْ أَيْنَ أَنْتَ؟

[민 아이나 **안타**]

당신(남)은 어디 출신입니까?

مِنْ أَيْنَ أَنْتِ؟

[민 아이나 안티]

당신(여)은 어디 출신입니까?

مِنْ أَيْنَ هُوَ؟

[민 아이나 후와]

그는 어디 출신입니까?

مِنْ أَيْنَ هِيَ؟

[민 아이나 히야]

그녀는 어디 출신입니까?

출신 대답하기

أَنَا مِنْ قَطَرَ.

[아나: 민 까똬라]

저는 카타르에서 왔습니다.

هُوَ مِنْ أَمْرِيكَا.

[후와 민 아므리:카:]

그는 미국에서 왔습니다.

هِيَ مِنَ السُّعُودِيَّةِ.

[히야 미낫 쑤우:디:야티]

그녀는 사우디에서 왔습니다.

국적 묻기

مَا جِنْسِيَّتُكَ؟

[마: 쥔씨:야투카]

당신(남)의 국적은 무엇입니까?

مَا جِنْسِيَّتُكِ؟

[마: 쥔씨:야투키]

당신(여)의 국적은 무엇입니까?

مَا جِنْسِيَّتُهُ؟

[마: 쥔씨:야투후]

그의 국적은 무엇입니까?

مَا جِنْسِيَّتُهَا؟

[마: 쥔씨:야투하:]

그녀의 국적은 무엇입니까?

국적 대답하기

أَنَا لُبْنَانِيٌّ.

[아나: 루브나:니:윤]

저는 레바논인입니다.

هُوَ فَرَنْسِيٌّ.

[후와 파란씨:윤]

그는 프랑스인입니다.

هِيَ قَطَرِيَّةٌ.

[히야 까똬리:야툰]

그녀는 카타르인입니다.

직업 묻기

مَا عَمَلُكَ؟

[마: 아말루카]

당신(남)의 직업은 무엇입니까?

مَا عَمَلُكِ؟

[마: 아말루키]

당신(여)의 직업은 무엇입니까?

مَا عَمَلُهُ؟

[마: 아말루후]

그의 직업은 무엇입니까?

مَا عَمَلُهَا؟

[마: 아말루하:]

그녀의 직업은 무엇입니까?

직업 대답하기

أَنَا مُمَرِّضَةٌ.

[아나: 무마ㄹ리돠툰]

저는 간호사입니다.

هُوَ مُهَنْدِسٌ.

[후와 무한디쑨]

그는 엔지니어입니다.

هِيَ مُدَرِّسَةٌ.

[히야 무다ㄹ리싸툰]

그녀는 선생님입니다.

국가 및 수도명

국가명		수도명	
사우디아라비아	اَلْمَمْلَكَةُ الْعَرَبِيَّةُ السُّعُودِيَّةُ [알맘라카툴 아라비:야튽 쑤우:디:야투]	리야드	اَلرِّيَاضُ [아ㄹ리야:두]
카타르	قَطَرُ [까따루]	도하	اَلدَّوْحَةُ [앋다우하투]
아랍에미리트(UAE)	اَلْإِمَارَاتُ الْعَرَبِيَّةُ الْمُتَّحِدَةُ [알이마:라:툴 아라비:야툴 뭍타히다투]	아부다비	أَبُوظَبِي [아부:돠비인]
한국	كُورِيَا [쿠:리야:]	서울	سِيُول [씨:울]
레바논(남성)	لُبْنَانُ [루브나:누]	베이루트	بَيْرُوتُ [바이루:투]

리비아	لِيبِيَا [리:비야:]	트리폴리	طَرَابُلُسُ [따라:불루쑤]
모로코(남성)	اَلْمَغْرِبُ [알마그리부]	라바트	اَلرِّبَاطُ [아ㄹ리바:뚜]
바레인	اَلْبَحْرَيْنِ [알바흐라이니]	마나마	اَلْمَنَامَةُ [알마나:마투]
수단(남성)	اَلسُّودَانُ [앗쑤:다:누]	카르툼	اَلْخَرْطُومُ [알카르뚜:무]
시리아	سُورِيَا [쑤:리야:]	다마스커스	دِمَشْقُ [디마슈꾸]
알제리	اَلْجَزَائِرُ [알좌자:이루]	알제	اَلْجَزَائِرُ [알좌자:이루]
예멘	اَلْيَمَنُ [알야마누]	사나	صَنْعَاءُ [싼아:우]
오만	عُمَانُ [우마:누]	무스카트	مُسْقَطُ [무쓰까뚜]
요르단(남성)	اَلْأُرْدُنُّ [알우르둔누]	암만	عَمَّانُ [암마:누]
이라크(남성)	اَلْعِرَاقُ [알이라:꾸]	바그다드	بَغْدَادُ [바그다:두]

이집트	مِصْرُ [미쓰루]	카이로	اَلْقَاهِرَةُ [알까:히라투]
쿠웨이트	اَلْكُوَيْتُ [알쿠와이투]	쿠웨이트 시	مَدِينَةُ الْكُوَيْتِ [마디:나툴 쿠와이티]
팔레스타인	فِلَسْطِينْ [필라쓰띤:]	예루살렘	اَلْقُدْسُ [알꾸드쑤]
튀니지	تُونِسُ [투:니쑤]	투니스	تُونِسُ [투:니쑤]

기타 주요 국가명

뜻	독음	단어
중국	[앗식:누]	اَلصِّينُ
일본	[알야:바:누]	اَلْيَابَانُ
미국	[아므리:카:]	أَمْرِيكَا
터키	[투르키야:]	تُرْكِيَا
이란	[이:라:누]	إِيرَانُ

단어 정리하기

오늘 배운 대화 속 단어들을 정리해 봅시다.

아랍어	독음	뜻
مِنْ	[민]	~로부터
أَيْنَ	[아이나]	어디
كُورِيَا	[쿠:리야:]	한국
عَمَلٌ	[아말룬]	일, 직업
طَبِيبٌ	[따비:분]	의사

마무리 퀴즈

주어진 한국어 뜻과 발음을 참고하여 오늘 배운 아랍어 문장을 써 보세요.

1. 당신은 어디 출신입니까? [민 아이나 안타]

____

2. 저는 한국 사람입니다. [아나: 민 쿠:리야:]

____

정답

1. مِنْ أَيْنَ أَنْتَ؟
2. أَنَا مِنْ كُورِيَا.

본 강의 04

جَوٌّ | 날씨

[좌우운]

Track 04

➡ 오늘의 대화에서 꼭 알아야 할 목표 문장을 체크해 보세요.

كَيْفَ الْجَوُّ الْيَوْمَ؟	اَلْجَوُّ مُمْطِرٌ.
[카이팔 좌우울 야우마?] 오늘 날씨는 어떻습니까?	[알좌우우 뭄띠룬] 비가 옵니다.

대화 살펴보기 라일라와 카림의 대화를 살펴보세요.

라일라

كَيْفَ الْجَوُّ الْيَوْمَ فِي الْقَاهِرَةِ؟

[카이팔 좌우울 야우마 필: 까:히라티]
오늘 카이로의 날씨는 어떤가요?

카림

اَلْجَوُّ مُمْطِرٌ. كَيْفَ الْجَوُّ الْيَوْمَ فِي كُورِيَا؟

[알좌우우 뭄띠룬. 카이팔 좌우울 야우마 피: 쿠:리야:]
비가 옵니다. 오늘 한국의 날씨는 어떤가요?

라일라

اَلْجَوُّ مُشْمِسٌ.

[알좌우우 무슈미순]
해가 납니다.

카림

طَيِّبٌ. أَتَمَنَّى لَكِ يَوْمًا سَعِيدًا.

[따이이분. 아타만나: 라키 야우만 싸이:단]
좋네요. 좋은 하루 되시길 바랍니다.

라일라	شُكْرًا. [슈크란] 감사합니다.
카림	عَفْوًا. [아프완] 천만에요.

대화 파헤치기 대화 속에 들어있는 핵심 문법 사항을 쉽고, 가볍게 정리해 보세요.

1 전치사 뒤 명사 표시

아랍어에서 전치사 뒤에 오는 명사(형용사)는 소유격(ــِـ)으로 표시합니다.

예 فِي الْقَاهِرَةِ [필: 까:히라티] : 카이로에서

2 소유를 나타내는 전치사 لِ [리]

أَنَا	نَحْنُ	أَنْتَ	أَنْتِ	هُوَ	هِيَ
لِي	لَنَا	لَكَ	لَكِ	لَهُ	لَهَا
[리:]	[라나:]	[라카]	[라키]	[라후]	[라하:]
나에게	우리에게	당신(남)에게	당신(여)에게	그에게	그녀에게
~가 있는	~가 있는	~가 있는	~가 있는	~가 있는	~가 있는

* 전치사 لِـ는 연계형 대명사와 연결되면, 1인칭 단수에서 لِي로 되는 것을 제외하고는 모음이 a로 변하여 لَـ의 형태가 됩니다.

✔ 계절(فَصْلٌ [파슬룬]) 관련 표현

رَبِيعٌ	صَيْفٌ	خَرِيفٌ	شِتَاءٌ
[라비:운]	[솨이푼]	[카리:푼]	[쉬타:운]
봄	여름	가을	겨울

✔ 날씨와 기후 (جَوٌّ، طَقْسٌ، مُنَاخٌ [좌우운, 딱쑨, 무나:쿤]) 관련 표현

دَرَجَةُ الْحَرَارَةِ	[다라좌툴 하라:라티]	기온, 온도
صَحْرَاوِيٌّ [솨흐라:위:윤] 사막 기후의	دَافِئٌ [다:피운] 따뜻한	حَارٌّ [하:ㄹ룬] 더운
عَالٍ [알:린] 높은	مُشْمِسٌ [무슈미쑨] 해가 난, 화창한	شَمْسٌ [샴쑨] 태양
بَارِدٌ [바:리둔] 추운	مُمْطِرٌ [뭄띠룬] 비 오는	مُثْلِجٌ [무쓸리준] 눈 오는
غَائِمٌ [가:이문] 흐린, 구름 낀	مَطَرٌ [마따룬] 비	ثَلْجٌ [쌀준] 눈

패턴으로 연습하기 오늘의 주제와 관련된 다양한 문장을 익혀 보세요.

날씨 묻기

كَيْفَ الطَّقْسُ الْيَوْمَ فِي اَلْجَزَائِرِ؟

[카이판 똬끄쑤 야우마 필: 좌자:이리]

알제리의 날씨는 어떻습니까?

كَيْفَ الطَّقْسُ الْيَوْمَ فِي الْعِرَاقِ؟

[카이판 똬끄쑤 야우마 필: 이라:끼]

이라크의 날씨는 어떻습니까?

كَيْفَ الطَّقْسُ الْيَوْمَ فِي الْإِمَارَاتِ؟

[카이판 똬끄쑤 야우마 필: 이마:라:티]

UAE의 날씨는 어떻습니까?

كَيْفَ الطَّقْسُ الْيَوْمَ فِي كُورِيَا؟

[카이판 똬끄쑤 야우마 피: 쿠:리야:]

한국의 날씨는 어떻습니까?

날씨 대답

اَلطَّقْسُ دَافِئٌ.

[앋똬끄쑤 다:피운]

날씨가 따뜻합니다.

اَلْمُنَاخُ حَارٌّ

[알무나:쿠 하:ㄹ룬]

날씨가 덥습니다.

اَلْجَوُّ مُشْمِسٌ.

[알좌우우 무슈미쑨]

해가 납니다.

اَلْجَوُّ مُثْلِجٌ.

[알좌우우 무쓸리준]

눈이 옵니다.

단어 정리하기 오늘 배운 대화 속 단어들을 정리해 봅시다.

아랍어	독음	뜻
جَوٌّ	[좌우운]	날씨
اَلْيَوْمَ	[알야우마]	오늘
اَلْقَاهِرَةُ	[알까:히라투]	카이로
مُمْطِرٌ	[뭄띠룬]	비 오는
مُشْمِسٌ	[무슈미쑨]	해가 나는
طَيِّبٌ	[따이이분]	좋습니다
أَتَمَنَّى	[아타만나:]	(1인칭 현재 단수) 나는 바란다

يَوْمٌ	[야우문]	날, 일
سَعِيدٌ	[싸이:둔]	행복한, 기쁜
شُكْرًا	[슈크란]	감사합니다
عَفْوًا	[아프완]	천만에요

마무리 퀴즈 주어진 한국어 뜻과 발음을 참고하여 오늘 배운 아랍어 문장을 써 보세요.

1. 오늘 날씨는 어떻습니까? [카이팔 좌우울 야우마]

_______________ ←

2. 비가 옵니다. [알좌우우 뭄띠룬]

_______________ ←

3. 천만에요. [아프완]

_______________ ←

정답

1. كَيْفَ الْجَوُّ الْيَوْمَ؟
2. اَلْجَوُّ مُمْطِرٌ.
3. عَفْوًا.

본 강의 05

شُكْرًا | 감사합니다

Track 05

[슈크란]

➡ 오늘의 대화에서 꼭 알아야 할 목표 문장을 체크해 보세요.

شُكْرًا.	عَفْوًا.
[슈크란] 감사합니다.	[아프완] 천만에요.

대화 살펴보기

라일라와 카림의 대화를 살펴보세요.

라일라

هَلْ يُمْكِنُ أَنْ تُسَاعِدَنِي فِي الْمَسَاءِ؟

[할 윰키누 안 투싸:이다니: 필: 마싸:이]

저녁에 저 좀 도와줄 수 있나요?

카림

بِكُلِّ سُرُورٍ. وَلَكِنْ مَا الْمُنَاسَبَةُ؟

[비쿨리 쑤루:린. 왈라킨 말: 무나:싸바투]

기꺼이요. 그런데 무슨 일이세요?

라일라

أُرِيدُ أَنْ أَغْسِلَ سَيَّارَتِي.

[우리:두 안 아그씰라 싸이야:라티:]

세차를 하고 싶어서요.

카림

طَيِّبٌ. إِذَنْ نَلْتَقِي فِي الْمَسَاءِ.

[따이이분. 이단 날타끼: 필: 마싸:이]

좋습니다. 그럼 우리 저녁에 만나요.

شُكْرًا. 감사합니다. [슈크란]	라일라
عَفْوًا. 천만에요. [아프완]	카림

대화 파헤치기 대화 속에 들어있는 핵심 문법 사항을 쉽고, 가볍게 정리해 보세요.

1 접속법: 2개의 동사를 문법적으로 연결하기

아랍어 동사는 동작의 완료 여부에 따라 완료형(과거시제)과 미완료형(현재시제, 미래시제)으로 나뉩니다. 아랍어 동사도 명사처럼 마지막 모음이 바뀌는데, 마지막 모음의 표기에 따라 직설형, 접속형(접속법), 단축형(단축법)으로 구분됩니다. 직설형 동사의 마지막 모음은 u 모음(ـُ)이고 접속형(접속법) 동사의 마지막 모음은 a 모음(ـَ)이며, 단축형 (단축법)동사의 마지막 모음은 수쿤(ـْ)입니다.

✔ 접속법의 형태는 현재 동사의 마지막 모음(격 표지어) ـُ 가 ـَ 로 바뀌는 것입니다.

예 يُسَاعِدُ ➜ يُسَاعِدَ

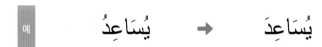

✔ 2인칭 여성 형태의 경우에는 뒤의 ـنَ 가 떨어져 나갑니다.

예 تُسَاعِدِينَ ➜ تُسَاعِدِي

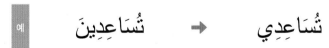

✔ 접속법 형태는 동사와 동사 사이를 연결해 주는 역할을 합니다.

سَاعَدَ 현재 동사 접속법 동사 변화

أَنْتَ	نَحْنُ	أَنَا
تُسَاعِدَ [투싸:이다] 당신(남)은 돕는다	نُسَاعِدَ [누싸:이다] 우리는 돕는다	أُسَاعِدَ [우싸:이다] 나는 돕는다
هِيَ	**هُوَ**	**أَنْتِ**
تُسَاعِدَ [투싸:이다] 그녀는 돕는다	يُسَاعِدَ [유싸:이다] 그는 돕는다	تُسَاعِدِي [투싸:이디:] 당신(여)은 돕는다

패턴으로 연습하기 오늘의 주제와 관련된 다양한 문장을 익혀 보세요.

감사 표현(인칭별 연습)

أَشْكُرُكَ عَلَى دَعْوَتِكَ.

[아슈쿠루**카** 알라: 다으와티**카**]

당신(남)의 초대에 감사합니다.

أَشْكُرُكِ عَلَى مُسَاعَدَتِكِ.

[아슈쿠루**키** 알라: 무싸:아다티**키**]

당신(여)의 도움에 감사합니다.

أَشْكُرُهُ عَلَى هَدِيَّتِهِ.

[아슈쿠루**후** 알라: 하디:야티**후**]

그의 선물에 감사합니다.

أَشْكُرُهَا عَلَى لُطْفِهَا.

[아슈쿠루하: 알라: 루뜨피하:]

그녀의 친절에 감사합니다.

감사 표현(다양한 문장)

شُكْرًا جَزِيلاً.

[슈크란 좌질:란]

대단히 감사합니다.

أَشْكُرُكَ عَلَى الْعَشَاءِ.

[아슈쿠루카 알랄: 아샤:이]

저녁 식사 대접에 감사합니다.

أَلْفُ شُكْرٍ.

[알푸 슈크린]

정말 감사합니다.

اَلْحَمْدُ لِلّٰهِ.

[알함두 릴라히]

알라에게 찬양을.

유감 표현

أَنَا غَضْبَانُ.

[아나: 가드바:누]

저는 화났습니다.

أَنَا آسِفٌ.

[아나: 아:씨푼]

죄송합니다.

أَنَا حَزِينٌ.

[아나: 하지:눈]

저는 슬픕니다.

مَعَ الْأَسَفِ الشَّدِيدِ.

[마알 아싸핏 샤디:디]

대단히 유감입니다.

단어 정리하기 오늘 배운 대화 속 단어들을 정리해 봅시다.

아랍어	독음	뜻
هَلْ	[할]	~입니까
يُمْكِنُ أَنْ	[윰키누 안]	~이 가능하다
تُسَاعِدُ	[투싸:이두]	(2인칭 현재 남성) 당신(남)이 돕는다
مَسَاءٌ	[마싸:운]	저녁
بِكُلِّ سُرُورٍ	[비쿨리 쑤루:린]	기꺼이
لَكِنْ	[라킨]	그러나
مُنَاسَبَةٌ	[무나:싸바툰]	일, 사건
أُرِيدُ أَنْ	[우리:두 안]	(1인칭 현재 단수) 나는 원한다

أَغْسِلُ	[아그씰루]	(1인칭 현재 단수) 나는 씻는다
سَيَّارَةٌ	[싸이야:라툰]	자동차
إِذَنْ	[이단]	그렇다면
نَلْتَقِي	[날타끼:]	(1인칭 현재 복수) 우리는 만난다

마무리 퀴즈 주어진 한국어 뜻과 발음을 참고하여 오늘 배운 아랍어 문장을 써 보세요.

1. 매우 감사합니다. [슈크란 좌질:란]

________________________ ←

2. 대단히 유감입니다. [마알 아싸핑 샤디:디]

________________________ ←

3. 기꺼이요. [비쿨리 쑤루:린]

________________________ ←

정답

1. شُكْرًا جَزِيلاً.
2. مَعَ الأَسَفِ الشَّدِيدِ.
3. بِكُلِّ سُرُورٍ.

본강의
06

عِنْدَ | 소유 표현

[인다]

Track 06

➡ 오늘의 대화에서 꼭 알아야 할 목표 문장을 체크해 보세요.

هَلْ عِنْدَكَ كُرَةٌ؟	نَعَمْ. عِنْدِي كُرَةٌ.
[할 인다카 쿠라툰] 당신에게 공이 있나요?	[나암, 인디: 쿠라툰] 네, 저에게 공이 있습니다.

대화 살펴보기 라일라와 카림의 대화를 살펴보세요.

라일라 هَلْ عِنْدَكَ كُرَةٌ؟

[할 인다카 쿠라툰]
당신에게 공이 있나요?

카림 نَعَمْ. عِنْدِي كُرَةٌ. هِيَ عَلَى مَكْتَبِي.

[나암, 인디: 쿠라툰. 히야 알라: 마크타비:]
네, 저에게 공이 있습니다. 그것은 저의 책상 위에 있습니다.

라일라 وَهَلْ لَدَيْكَ حِذَاءٌ أَيْضًا؟

[와할 라다이카 히다:운 아이돤]
당신은 신발도 가지고 있나요?

카림 نَعَمْ. لَدَيَّ حِذَاءٌ.

[나암, 라다이야 히다:운]
네, 저는 신발을 가지고 있습니다.

라일라	إِذَنْ، هَيَّا نَذْهَبْ إِلَى مَلْعَبٍ. [이단, 하이야: 나드합 일라: 말아빈] 그러면 우리 운동장에서 만납시다.

대화 파헤치기 대화 속에 들어있는 핵심 문법 사항을 쉽고, 가볍게 정리해 보세요.

1 소유를 나타내는 전치사

아랍어 전치사 중에는 '**~에 속한**'이라는 뜻을 가진 단어들이 있습니다.
아래의 전치사를 사용한 문장은 명사문으로 소유를 나타내는 경우에 쓰이는데, 아랍어에서 소유를 나타낼 때에는 우리말처럼 '(소유자)(에게)는 (소유물)이 있다'라는 구문을 사용합니다. 즉 **소유물이 주어**가 됩니다. 이때 '(~에게)는'에 해당하는 말로 보통 다음과 같은 전치사들이 쓰입니다.

1) 소유를 나타내는 전치사 عِنْدَ [인다]

عِنْدَ + 접미인칭대명사 혹은 명사(주어) = ~에게 **~이 있다**

أَنَا	نَحْنُ	أَنْتَ	أَنْتِ	هُوَ	هِيَ
عِنْدِي	عِنْدَنَا	عِنْدَكَ	عِنْدَكِ	عِنْدَهُ	عِنْدَهَا
[인디:] 나에게 ~가 있는	[인다나:] 우리에게 ~가 있는	[인다카] 당신(남)에게 ~가 있는	[인다키] 당신(여)에게 ~가 있는	[인다후] 그에게 ~가 있는	[인다하:] 그녀에게 ~가 있는

2) 소유를 나타내는 전치사 لَدَى [라다:]

أَنَا	نَحْنُ	أَنْتَ	أَنْتِ	هُوَ	هِيَ
لَدَيَّ	لَدَيْنَا	لَدَيْكَ	لَدَيْكِ	لَدَيْهِ	لَدَيْهَا
[라다이야] 나에게 ~가 있는	[라다이나:] 우리에게 ~가 있는	[라다이카] 당신(남)에게 ~가 있는	[라다이키] 당신(여)에게 ~가 있는	[라다이히] 그에게 ~가 있는	[라다이하:] 그녀에게 ~가 있는

3) 소유를 나타내는 전치사 مَعَ [마아]

أَنَا	نَحْنُ	أَنْتَ	أَنْتِ	هُوَ	هِيَ
مَعِي	مَعَنَا	مَعَكَ	مَعَكِ	مَعَهُ	مَعَهَا
[마이:] 나에게 ~가 있는	[마아나:] 우리에게 ~가 있는	[마아카] 당신(남)에게 ~가 있는	[마아키] 당신(여)에게 ~가 있는	[마아후] 그에게 ~가 있는	[마아하:] 그녀에게 ~가 있는

4) 소유를 나타내는 전치사 ـِلـ [리]

أَنَا	نَحْنُ	أَنْتَ	أَنْتِ	هُوَ	هِيَ
لِي	لَنَا	لَكَ	لَكِ	لَهُ	لَهَا
[리:] 나에게 ~가 있는	[라나:] 우리에게 ~가 있는	[라카] 당신(남)에게 ~가 있는	[라키] 당신(여)에게 ~가 있는	[라후] 그에게 ~가 있는	[라하:] 그녀에게 ~가 있는

* 전치사 لِـ는 연계형 대명사와 연결되면, 1인칭 단수에서 لِي로 되는 것을 제외하고는 모음이 a로 변하여 لَـ의 형태가 됩니다.

패턴으로 연습하기

오늘의 주제와 관련된 다양한 문장을 익혀 보세요.

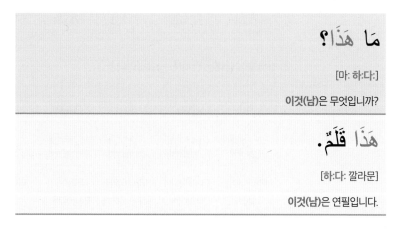

사물 묻기

مَا هَذَا؟

[마: 하:다:]

이것(남)은 무엇입니까?

هَذَا قَلَمٌ.

[하:다: 깔라문]

이것(남)은 연필입니다.

مَا هَذِهِ؟

[마: 하:디히]

이것(여)은 무엇입니까?

هَذِهِ وَرَقَةٌ.

[하:디히 와라까툰]

이것(여)은 종이입니다.

소유 표현

عِنْدَ خَالِدٍ كِتَابٌ.

[인다 칼:리딘 키타:분]

칼리드에게 책이 있습니다.

عِنْدَهُ كِتَابٌ.

[인다후 키타:분]

그에게 책이 있습니다.

لَدَيْكَ قَلَمٌ.

[라다이카 깔라문]

당신(남)에게 연필이 있습니다.

مَعَنَا بَيْتٌ.

[마아나: 바이툰]

우리에게 집이 있습니다.

لِي قَهْوَةٌ.

[리: 까흐와툰]

저에게 커피가 있습니다.

단어 정리하기 오늘 배운 대화 속 단어들을 정리해 봅시다.

아랍어	독음	뜻
كُرَةٌ	[쿠라툰]	공
نَعَمْ	[나암]	네
عَلَى	[알라:]	~ 위에
مَكْتَبٌ	[마크타분]	책상, 사무실
حِذَاءٌ	[히다:운]	신발
أَيْضًا	[아이돤]	또한
هَيَّا	[하이야:]	~ 하자
نَذْهَبُ	[나드하부]	(1인칭 현재 복수) 우리는 간다
مَلْعَبٌ	[말아분]	운동장

마무리 퀴즈 주어진 한국어 뜻과 발음을 참고하여 오늘 배운 아랍어 문장을 써 보세요.

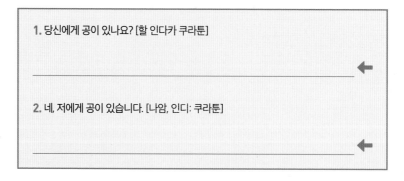

1. 당신에게 공이 있나요? [할 인다카 쿠라툰]

______________________________ ←

2. 네, 저에게 공이 있습니다. [나암, 인디: 쿠라툰]

______________________________ ←

정답

1. هَلْ عِنْدَكَ كُرَةٌ؟

2. نَعَمْ، عِنْدِي كُرَةٌ.

본 강의 07

شَخْصِيَّةٌ | 성격

[샤크씨:야툰]

Track 07

➡ 오늘의 대화에서 꼭 알아야 할 목표 문장을 체크해 보세요.

نَعَمْ، هِيَ لَطِيفَةٌ.	هَلْ هِيَ لَطِيفَةٌ؟
[나암, 히야 라띠:파툰] 네, 그녀는 착합니다.	[할 히야 라띠:파툰] 그녀는 착합니까?

대화 살펴보기

라일라와 카림의 대화를 살펴보세요.

라일라

هَلْ تُرِيدُ أَنْ تُقَابِلَ صَدِيقَتِي؟

[할 투리:두 안 투까:빌라 솨디:까티:]

당신은 저의 친구(여)를 만나 보고 싶나요?

카림

نَعَمْ. هَلْ هِيَ لَطِيفَةٌ؟

[나암, 할 히야 라띠:파툰]

네, 그녀는 착한가요?

라일라

نَعَمْ. هِيَ لَطِيفَةٌ وَجَمِيلَةٌ.

هِيَ صَدِيقَتِي الْمُخْلِصَةُ.

[나암, 히야 라띠:파툰 와좌밀:라툰. 히야 솨디:까틸: 무클리솨투]

네, 그녀는 착하고, 예쁩니다. 그녀는 신실한 친구입니다.

카림

أَلْفُ شُكْرٍ.

[알푸 슈크린]

정말 감사합니다.

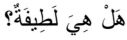

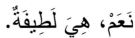

라일라	عَفْوًا.
	[아프완] 천만에요.

대화 파헤치기 대화 속에 들어있는 핵심 문법 사항을 쉽고, 가볍게 정리해 보세요.

1 형용사

형용사를 사용하여 명사를 수식할 때, 형용사(수식어: 꾸며 주는 말)는 명사(피수식어: 꾸밈을 받는 말)의 뒤에 위치합니다.

예 هِيَ جَمِيلَةٌ. [히야 좌밀:라툰] 그녀는 예쁘다.

(هِيَ: 피수식어, جَمِيلَةٌ: 수식어)

'그녀(هِيَ)'라는 단어가 여성형이기 때문에 그 뒤에 위치한 수식어 '예쁜(جَمِيلَةٌ)'도 여성형으로 사용되었습니다.

* 형용사는 수식을 받는 명사의 '성, 수, 격, 한정 상태'에 따라서 일치되어야 합니다.

즉, 명사에 정관사가 붙은 한정 상태라면, 형용사에도 정관사가 붙어 한정되어야 하고, 명사가 여성 단수 목적격 형태라면, 형용사도 여성 단수 목적격 형태라야 합니다.

✔ **'명사 + 형용사'의 4일치: 성, 수, 격, 한정 일치**

[바이툰 좌디:둔] 한 새로운 집은 بَيْتٌ جَدِيدٌ	اَلْمَدْرَسَةُ الْجَدِيدَةُ [알마드라싸툴 좌디:다투] 그 새로운 학교는
남성, 단수, 주격, 비한정	**여성, 단수, 주격, 한정**
[바이탄 좌디:단] 한 새로운 집을 بَيْتًا جَدِيدًا	اَلْمَدْرَسَةَ الْجَدِيدَةَ [알마드라싸탈 좌디:다타] 그 새로운 학교를
남성, 단수, 목적격, 비한정	**여성, 단수, 목적격, 한정**

[바이틴 좌디:딘] 한 새로운 집의 بَيْتٍ جَدِيدٍ	اَلْمَدْرَسَةِ الْجَدِيدَةِ [알마드라싸틸 좌디:다티] 그 새로운 학교의
남성, 단수, 소유격, **비한정**	**여성**, 단수, 소유격, **한정**

'명사 + 형용사'의 3일치: 성, 수, 격 일치

비한정 명사와 형용사에 관사를 붙여서 **문장** 만들기
한정까지 **일치**시키면 단어, **한정**을 **일치시키지 않으면** 문장!

اَلْكِتَابُ جَدِيدٌ.	كِتَابٌ : جَدِيدٌ
[알키타:부 좌디:둔] 그 책은 새것이다.	[좌디:둔] - [키타:분] (남) 새로운 - (남) 책
اَلطَّالِبَةُ جَدِيدَةٌ.	طَالِبَةٌ : جَدِيدَةٌ
[안딸:리바투 좌디:다툰] 그 여학생은 신입생이다.	[좌디:다툰] - [딸:리바툰] (여) 새로운 - (여) 학생

패턴으로 연습하기

오늘의 주제와 관련된 다양한 문장을 익혀 보세요.

외모 표현

أَنَا قَصِيرٌ.

[아나: 까씨:룬]

나는 키가 작다.

أَنْتَ طَوِيلٌ.

[안타 똬윌:룬]

당신(남)은 키가 크다.

أَنْتِ طَوِيلَةٌ.

[안티 똬윌:라툰]

당신(여)은 키가 크다.

هُوَ وَسِيمٌ.

[후와 와씨:문]

그는 잘생겼다.

هِيَ مِلْحَةٌ.

[히야 밀하툰]

그녀는 매력적이다.

성격 표현

أَنَا نَاشِطٌ.

[아나: 나:쉬둔]

나는 활발하다.

أَنْتَ مُجْتَهِدٌ.

[안타 무즈타히둔]

당신(남)은 성실하다.

أَنْتِ كَرِيمَةٌ.

[안티 카리:마툰]

당신(여)은 친절하다.

هُوَ مُتَكَبِّرٌ.

[후와 무타캅비룬]

그는 거만하다.

هِيَ مُتَوَاضِعَةٌ.

[히야 무타와:디아툰]

그녀는 겸손하다.

단어 정리하기 오늘 배운 대화 속 단어들을 정리해 봅시다.

아랍어	독음	뜻
تُرِيدُ أَنْ	[투리:두 안]	(2인칭 현재 남성) 당신(남)은 원한다
تُقَابِلُ	[투까:빌루]	(2인칭 현재 남성) 당신(남)은 만난다
صَدِيقَةٌ	[솨디:까툰]	친구(여)
لَطِيفَةٌ	[라띠:파툰]	착한, 좋은
جَمِيلَةٌ	[좌밀:라툰]	예쁜
مُخْلِصَةٌ	[무클리솨툰]	신실한
أَلْفُ شُكْرٍ	[알푸 슈크린]	정말 감사합니다
عَفْوًا	[아프완]	천만에요

마무리 퀴즈 주어진 한국어 뜻과 발음을 참고하여 오늘 배운 아랍어 문장을 써 보세요.

1. 그녀는 착합니까? [할 히야 라띠:파툰]

2. 네, 그녀는 착합니다. [나암, 히야 라띠:파툰]

3. 정말 감사합니다. [알푸 슈크린]

4. 그녀는 신실한 친구입니다. [히야 솨디:까틸: 무클리솨투]

정답

1. هَلْ هِيَ لَطِيفَةٌ؟

2. نَعَمْ، هِيَ لَطِيفَةٌ.

3. أَلْفُ شُكْرٍ.

4. هِيَ صَدِيقَتِي الْمُخْلِصَةُ.

본 강의 08

هِوَايَةٌ | 취미

[히와:야툰]

Track 08

→ 오늘의 대화에서 꼭 알아야 할 목표 문장을 체크해 보세요.

مَا هِوَايَتُكَ؟	أُحِبُّ أَنْ أَطْبُخَ.
[마: 히와:야투카] 당신의 취미는 무엇인가요?	[우힙부 안 아뜨부카] 저는 요리하는 것을 좋아합니다.

대화 살펴보기

카림와 라일라의 대화를 살펴보세요.

카림

مَا هِوَايَتُكِ؟

[마: 히와:야투키]

당신의 취미는 무엇인가요?

라일라

أُحِبُّ أَنْ أَطْبُخَ. وَأَنْتَ؟

[우힙부 안 아뜨부카. 와안타]

저는 요리하는 것을 좋아합니다. 당신은요?

카림

أُحِبُّ مُشَاهَدَةَ الْأَفْلَامِ.

[우힙부 무샤:하다탈 아플라:미]

저는 영화 보는 것을 좋아합니다.

라일라

إِذَنْ، هَيَّا نَذْهَبْ إِلَى السِّينَمَا.

[이단, 하이야: 나드합 일랐: 씨:나마:]

그러면 우리 영화관에 갑시다.

카림

فِكْرَةٌ جَمِيلَةٌ.

[피크라툰 좌밀:라툰]
좋은 생각입니다.

대화 파헤치기 대화 속에 들어있는 핵심 문법 사항을 쉽고, 가볍게 정리해 보세요.

1 취미 말하기

1) 내 취미는 ~이다

명사 + هِوَايَتِي

(주격) [히와:야티:]
취미
내 취미는 ~이다.

هِوَايَتِي + طَبْخٌ.

[따브쿤] [히와:야티:]
내 취미는 요리이다.

2) 나는 ~를 좋아한다

취미 + أُحِبُّ

(명사, 목적격) [우힙부]
나는 좋아한다
나는 ~를 좋아한다.

أُحِبُّ + طَبْخًا.

[따브칸] [우힙부]
나는 요리를 좋아한다.

3) 나는 ~를 좋아한다

취미 + أَنْ + أُحِبُّ

(현재 동사 + 목적격) [안] [우힙부]

~하기 나는 좋아한다

나는 **~하기를** 좋아한다.

أَطْبُخَ + أَنْ + أُحِبُّ

[아뜨부카] [안] [우힙부]

나는 요리**하기를** 좋아한다.

패턴으로 연습하기 오늘의 주제와 관련된 다양한 문장을 익혀 보세요.

취미 표현(동사)

أُحِبُّ أَنْ أَطْبُخَ.

[우힙부 안 아뜨부카]

나는 요리하기를 **좋아한다.**

أُحِبُّ أَنْ أَقْرَأَ كُتُبًا.

[우힙부 안 아끄라아 쿠투반]

나는 책 읽기를 **좋아한다.**

أُحِبُّ أَنْ أُشَاهِدَ أَفْلَامًا.

[우힙부 안 우샤:히다 아플라:만]

나는 영화 보기를 **좋아한다.**

취미 표현(명사)

هِوَايَتِي صَيْدُ السَّمَكِ.

[히와:야티: 싸이듰 싸마키]

내 취미는 낚시입니다.

هِوَايَتِي اَلْكِتَابَةُ.

[히와:야티: 알키타:바투]

내 취미는 글 쓰기입니다.

هِوَايَتُهُ قِرَاءَةُ الْكِتَابِ.

[히와:야투후 끼라:아툴 키타:비]

그의 취미는 책 읽기입니다.

هِوَايَتُهُ مُشَاهَدَةُ الْفِيلْمِ.

[히와:야투후 무샤:하다툴 필:미]

그의 취미는 영화 보기입니다.

هِوَايَتُهَا مَشْيٌ.

[히와:야투하: 마슈윤]

그녀의 취미는 산책하기입니다.

هِوَايَتُهَا رِيَاضَةٌ.

[히와:야투하: 리야:돠툰]

그녀의 취미는 운동하기입니다.

단어 정리하기

오늘 배운 대화 속 단어들을 정리해 봅시다.

아랍어	독음	뜻
هِوَايَةٌ	[히와:야툰]	취미
أَطْبُخُ	[아뜨부쿠]	(1인칭 현재 단수) 나는 요리한다
مُشَاهَدَةٌ	[무샤:하다툰]	보기
أَفْلَامٌ	[아플라:문]	영화들
إِذَنْ	[이단]	그러면
سِينَمَا	[씨:나마:]	영화관
فِكْرَةٌ	[피크라툰]	생각
جَمِيلَةٌ	[좌밀:라툰]	예쁜, 좋은

마무리 퀴즈

주어진 한국어 뜻과 발음을 참고하여 오늘 배운 아랍어 문장을 써 보세요.

1. 당신의 취미는 무엇인가요? [마: 히와:야투카]

2. 저의 취미는 글 쓰기입니다. [히와:야티: 알키타:바투]

정답

1. مَا هِوَايَتُكَ؟
2. هِوَايَتِي ٱلْكِتَابَةُ.

본강의 09

رِيَاضَةٌ | 운동

Track 09

[리야:돠툰]

오늘의 대화에서 꼭 알아야 할 목표 문장을 체크해 보세요.

أَيَّ رِيَاضَةٍ تُحِبُّ؟	أُحِبُّ كُرَةَ السَّلَّةِ.
[아이야 리야:돠틴 투힙부] 무슨 운동을 좋아하나요?	[우힙부 쿠라탔 쌀라티] 농구를 좋아합니다.

대화 살펴보기

라일라와 카림의 대화를 살펴보세요.

라일라

أَيَّ رِيَاضَةٍ تُحِبُّ؟

[아이야 리야:돠틴 투힙부]

무슨 운동을 좋아하나요?

카림

أُحِبُّ كُرَةَ الْقَدَمِ. وَأَنْتِ؟

[우힙부 쿠라탈 까다미. 와안티]

축구를 좋아합니다. 당신은요?

라일라

أُحِبُّ كُرَةَ السَّلَّةِ.

[우힙부 쿠라탔 쌀라티]

저는 농구를 좋아합니다.

카림

أَيْنَ تَلْعَبِينَ كُرَةَ السَّلَّةِ؟

[아이나 탈아비:나 쿠라탔 쌀라티]

농구를 어디에서 하시나요?

라일라	أَلْعَبُ كُرَةَ السَّلَّةِ فِي نَادِي الْمَدْرَسَةِ. وَأَنْتَ؟ [알아부 쿠라탔 쌀라티 피: 나:딜: 마드라싸티. 와안타] 학교 동아리에서 농구를 합니다. 당신은요?
카림	أَلْعَبُ كُرَةَ الْقَدَمِ فِي مَلْعَبِ الْمَدْرَسَةِ. [알아부 쿠라탈 까다미 피: 말아빌 마드라싸티] 저는 학교 운동장에서 축구를 합니다.

대화 파헤치기 대화 속에 들어있는 핵심 문법 사항을 쉽고, 가볍게 정리해 보세요.

1 어느, 무슨 أَيٌّ [아이윤]

의문사 أَيٌّ 은 '어느, 무슨'이라는 의미를 지닌 명사입니다. 다른 명사들처럼 동사의 주어나 목적어, 또는 전치사의 목적어로 사용되며, 문장 내 역할에 따라 주격, 목적격, 소유격으로 변하는 특징이 있습니다. 의문사 أَيٌّ 뒤에 오는 명사는 **비한정 단수 소유격**을 취한다는 특징이 있습니다.

✔ 의문사 أَيٌّ 의 변화

소유격	목적격	주격	
أَيِّ [아이이]	أَيَّ [아이야]	أَيُّ [아이유]	أَيٌّ

주격	أَيُّ خِدْمَةٍ؟ [아이유 키드마틴] 어떤 도움**이** 필요하세요? (무엇을 도와드릴까요?)
목적격	أَيَّ لُغَةٍ تَدْرُسُ؟ [아이야 루가틴 타드루쑤] 너는 어떤 언어를 배웠니?
소유격	فِي أَيِّ وَقْتٍ نَلْتَقِي؟ [피: 아이이 와끄틴 날타끼:] 어느 시각**에**(언제) 만날까요?

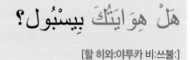

패턴으로 연습하기 오늘의 주제와 관련된 다양한 문장을 익혀 보세요.

외모 표현

هَلْ هِوَايَتُكَ بِيسْبُول؟

[할 히와:야투카 비:쓰불:]

당신(남)의 취미는 야구입니까?

هَلْ هِوَايَتُكِ كُرَةُ الْيَدِ؟

[할 히와:야투키 쿠라툴 야디]

당신(여)의 취미는 핸드볼입니까?

취미 표현1

هِوَايَتِي التِّنِسُ.

[히와:야틸: 티니쑤]

저의 취미는 테니스입니다.

هِوَايَتُهُ كُرَةُ الطَّاوِلَةِ.

[히와:야투후 쿠라툰 따:윌라티]

그의 취미는 탁구입니다.

هِوَايَتُهَا كُرَةُ الطَّائِرَةِ.

[히와:야투하: 쿠라툰 따:이라티]

그녀의 취미는 배구입니다.

취미 표현2

أُحِبُّ اَلسِّبَاحَةَ.

[우힙부 앗씨바:하타]

저는 수영을 좋아합니다.

يُحِبُّ رُكُوبَ الدَّرَّاجَةِ.

[유힙부 루쿠:받 다ㄹ라:좌티]

그는 자전거 타기를 좋아합니다.

تُحِبُّ تَسَلُّقَ الْجِبَالِ.

[투힙부 타쌀루깔 지발:리]

그녀는 등산을 좋아합니다.

취미 표현3

كُرَةُ الْقَدَمِ	كُرَةُ السَّلَّةِ	بِيسْبُول	كُرَةُ الْيَدِ
축구 [쿠라툴 까다미]	농구 [쿠라퉀 쌀라티]	야구 [비:쓰불:]	핸드볼 [쿠라툴 야디]
كُرَةُ الطَّاوِلَةِ	كُرَةُ الطَّائِرَةِ	أَلْعَابُ الْحَاسُوبِ	يُوجَا
탁구 [쿠라툿 똬:윌라티]	배구 [쿠라툿 똬:이라티]	컴퓨터 게임 [알아:불 하:쑤:비]	요가 [유:가:]
اَلسِّبَاحَةُ	رُكُوبُ الدَّرَّاجَةِ	تَسَلُّقُ الْجِبَالِ	اَلتِّنِسُ
수영 [앗씨바:하투]	자전거 타기 [루쿠:붇 다ㄹ라:좌티]	등산 [타쌀루꿀 지발:리]	테니스 [앝티니쑤]

단어 정리하기

오늘 배운 대화 속 단어들을 정리해 봅시다.

아랍어	독음	뜻
رِيَاضَةٌ	[리야:돠툰]	운동
كُرَةُ السَّلَّةِ	[쿠라퉀 쌀라티]	농구
كُرَةُ الْقَدَمِ	[쿠라툴 까다미]	축구
تَلْعَبِينَ	[탈아비:나]	(2인칭 현재 여성) 너(여)는 논다, 한다
نَادِي	[나:디:]	동아리
مَدْرَسَةٌ	[마드라싸툰]	학교
مَلْعَبٌ	[말아분]	운동장

마무리 퀴즈 주어진 한국어 뜻과 발음을 참고하여 오늘 배운 아랍어 문장을 써 보세요.

1. 무슨 운동을 좋아하나요? [아이야 리야:돠틴 투힙부]

______________________________ ←

2. 저는 농구를 좋아합니다. [우힙부 쿠라탔 쌀라티]

______________________________ ←

3. 저는 축구를 좋아합니다. [우힙부 쿠라탈 까다미]

______________________________ ←

정답

1. أَيَّ رِيَاضَةٍ تُحِبُّ؟
2. أُحِبُّ كُرَةَ السَّلَّةِ.
3. أُحِبُّ كُرَةَ الْقَدَمِ.

본 강의 10

سَاعَةٌ | 시간

Track 10

[싸:아툰]

→ 오늘의 대화에서 꼭 알아야 할 목표 문장을 체크해 보세요.

كَمِ السَّاعَةُ الْآنَ؟	اَلسَّاعَةُ الرَّابِعَةُ وَخَمْسُ دَقَائِقَ.
[카밌 싸:아툴 아:나] 지금 몇 시입니까?	[앗싸:아투 ㄹ라:비아투 와캄수 다까:이까] 4시 5분입니다.

대화 살펴보기

라일라와 카림의 대화를 살펴보세요.

라일라
كَمِ السَّاعَةُ الْآنَ؟
[카밌 싸:아툴 아:나]
지금 몇 시인가요?

카림
اَلسَّاعَةُ الرَّابِعَةُ وَخَمْسُ دَقَائِقَ.
[앗싸:아투 ㄹ라:비아투 와캄수 다까:이까]
4시 5분입니다.

라일라
مَتَى سَتُغَادِرُ الطَّائِرَةُ الْقَادِمَةُ؟
[마타: 싸투가:디룬 따:이라툴 까:디마투]
다음 비행기는 언제인가요?

카림	سَتُغَادِرُ الطَّائِرَةُ فِي السَّاعَةِ التَّاسِعَةِ وَعَشْرُ دَقَائِق. [싸투가:디룬 따:이라투 핖: 싸:아틸 타:씨아티 와아슈루 다까:이까] 다음 비행기는 9시 10분에 출발합니다.
라일라	مُنْذُ مَتَى يَبْدَأُ الرُّكُوبُ؟ [문두 마타: 야브다우 ㄹ루쿠:부] 탑승은 언제부터 시작하나요?
카림	سَيَبْدَأُ السَّاعَةَ الثَّامِنَة. [싸야브다웄 싸:아탔 싸:미나타] 8시부터 탑승 시작합니다.

대화 파헤치기 대화 속에 들어있는 핵심 문법 사항을 쉽고, 가볍게 정리해 보세요.

1 아랍어 숫자 1~10 رَقْمٌ : 남성형

때에 따라 타 마르부타가 탈락하거나 모음이 바뀌기도 하기 때문에 아랍어 숫자는 **자음 위주**로 기억해 주세요!

1	2	3	4	5
وَاحِدٌ	اِثْنَانِ	ثَلَاثَةٌ	أَرْبَعَةٌ	خَمْسَةٌ
[와:히둔]	[이쓰나:니]	[쌀라:싸툰]	[아르바아툰]	[캄싸툰]
6	**7**	**8**	**9**	**10**
سِتَّةٌ	سَبْعَةٌ	ثَمَانِيَةٌ	تِسْعَةٌ	عَشَرَةٌ
[씯타툰]	[싸브아툰]	[싸마:니야툰]	[티쓰아툰]	[아샤라툰]

0	20	100	1000
صِفْرٌ	عِشْرُونَ، عِشْرِينَ	مِئَةٌ، مِائَةٌ	أَلْفٌ
[씨프룬]	[이슈리:나, 이슈루:나]	[미아툰]	[알푼]

✔ 시각 سَاعَةٌ [싸:아툰]

1시	2시	3시
اَلسَّاعَةُ الْوَاحِدَةُ	اَلسَّاعَةُ الثَّانِيَةُ	اَلسَّاعَةُ الثَّالِثَةُ
[앗싸:아툴 와:히다투]	[앗싸:아툿 싸:니야투]	[앗싸:아툿 쌀:리싸투]
4시	**5시**	**6시**
اَلسَّاعَةُ الرَّابِعَةُ	اَلسَّاعَةُ الْخَامِسَةُ	اَلسَّاعَةُ السَّادِسَةُ
[앗싸:아툴 ㄹ 라:비아투]	[앗싸:아툴 카:미싸투]	[앗싸:아툿 싸:디싸투]
7시	**8시**	**9시**
اَلسَّاعَةُ السَّابِعَةُ	اَلسَّاعَةُ الثَّامِنَةُ	اَلسَّاعَةُ التَّاسِعَةُ
[앗싸:아툿 싸:비아투]	[앗싸:아툿 싸:미나투]	[앗싸:아퉅 타:씨아투]
10시	**11시**	**12시**
اَلسَّاعَةُ الْعَاشِرَةُ	اَلسَّاعَةُ الْحَادِيَةَ عَشْرَةَ	اَلسَّاعَةُ اَلثَّانِيَةَ عَشْرَةَ
[앗싸:아툴 아:쉬라투]	[앗싸:아툴 하:디야타 아슈라타]	[앗싸:아툿 싸:니야타 아슈라타]

✔ 분 دَقِيقَةٌ [다끼:까툰]

خَمْسُ دَقَائِقَ	عَشْرُ دَقَائِقَ
[캄쑤 다까:이까] 5분	[아슈루 다까:이까] 10분

패턴으로 연습하기 오늘의 주제와 관련된 다양한 문장을 익혀 보세요.

몇 시에 ~하나요?

فِي أَيِّ سَاعَةٍ يَصِلُ؟

[피: 아이이 싸:아틴 야씰루]

몇 시에 도착하나요?

فِي أَيِّ سَاعَةٍ يُغَادِرُ؟

[피: 아이이 싸:아틴 유가:디루]

몇 시에 출발합니까?

فِي أَيِّ سَاعَةٍ يَفْتَحُ الْبَابَ؟

[피: 아이이 싸:아틴 야프타훌 바:바]

몇 시에 문을 여나요?

فِي أَيِّ سَاعَةٍ يَغْلِقُ الْبَابَ؟

[피: 아이이 싸:아틴 야글리꿀 바:바]

몇 시에 문을 닫나요?

시간 말하기

اَلسَّاعَةُ الرَّابِعَةُ وَخَمْسُ دَقَائِقَ.

[았싸:아투 ㄹ라:비아투 와캄쑤 다까:이까]

4시 5분입니다.

اَلسَّاعَةُ التَّاسِعَةُ وَعَشْرُ دَقَائِقَ.

[았싸:아툳 타:씨아투 와아슈루 다까:이까]

9시 10분입니다.

시간 표현

لَوْ سَمَحْتَ، قُلْ لِي كَمِ السَّاعَةُ الْآنَ؟

[라우 싸마흐타, 꿀 리: 카밌 싸:아툴 아:나]

실례지만, 몇 시인지 알려주시겠어요?

نَلْتَقِي فِي السَّاعَةِ الْخَامِسَةِ.

[날타끼: 핐: 싸:아틸 카:미싸티]

5시에 만납시다.

단어 정리하기

오늘 배운 대화 속 단어들을 정리해 봅시다.

아랍어	독음	뜻
سَاعَةٌ	[싸:아툰]	시간, 시각
اَلْآنَ	[알아:나]	지금
السَّاعَةُ الرَّابِعَةُ	[았싸:아투 ㄹ라:비아투]	4시
خَمْسُ دَقَائِقَ	[캄쑤 다까:이까]	5분

مَتَى	[마타:]	언제
تُغَادِرُ	[투가:디루]	(2인칭 현재 남성) 당신(남)은 떠난다
طَائِرَةٌ	[따:이라툰]	비행기
قَادِمَةٌ	[까:디마툰]	다음의, 다가오는
السَّاعَةُ التَّاسِعَةُ	[앗싸:아틑 타:씨아투]	9시
عَشْرُ دَقَائِقَ	[아슈루 다까:이까]	10분
يَبْدَأُ	[야브다우]	(3인칭 현재 남성) 그, 그것은 시작한다
رُكُوبٌ	[루쿠:분]	탑승, 타기

마무리 퀴즈 주어진 한국어 뜻과 발음을 참고하여 오늘 배운 아랍어 문장을 써 보세요.

1. 지금 몇 시 입니까? [카밌 싸:아툴 아:나]

______________________ ←

2. 4시 5분입니다. [앗싸:아투 ㄹ라:비아투 와캄쑤 다까:이까]

______________________ ←

정답

1. كَمِ السَّاعَةُ الْآنَ؟

2. السَّاعَةُ الرَّابِعَةُ وَخَمْسُ دَقَائِقَ.

본 강의 11

شُعُورٌ | 감정1

[슈우:룬]

Track 11

→ 오늘의 대화에서 꼭 알아야 할 목표 문장을 체크해 보세요.

مُمْتَازَةٌ! هَيَّا نَذْهَبْ إِلَى هُنَاكَ.	مَا رَأْيُكَ فِي تِلْكَ السَّيَّارَةِ؟
[뭄타:자툰! 하이야: 나드합 일라: 후나:카] 멋져요! 우리 저쪽으로 가 봐요.	[마: 라으유카 피: 틸캇 싸이야:라티] 저 차 어때요?

대화 살펴보기 라일라와 카림의 대화를 살펴보세요.

라일라

يَا سَلَامُ! إِنَّهُ مَعْرِضُ سَيَّارَاتٍ رَائِعٌ.

هَلْ يُمْكِنُ أَنْ آخُذَ بَعْضَ الصُّوَرِ هُنَا؟

[야: 쌀라:무! 인나후 마으리두 싸이야:라:틴 라:이운]
[할 윰키누 안 아:쿠다 바으닷 쑤와리 후나:]
놀랍네요! 자동차 전시회가 정말 멋져요!
여기 사진 몇 장만 찍어도 될까요?

카림

مُمْكِنٌ. مَا رَأْيُكِ فِي تِلْكَ السَّيَّارَةِ؟

[뭄키눈. 마: 라으유키 피: 틸캇 싸이야:라티]
네, 가능합니다. 저 자동차는 어떤가요?

라일라

مُمْتَازَةٌ! هَيَّا نَذْهَبْ إِلَى هُنَاكَ.

[뭄타:자툰! 하이야: 나드합 일라: 후나:카]
멋져요! 우리 저쪽으로 가 봐요.

대화 파헤치기 대화 속에 들어있는 핵심 문법 사항을 쉽고, 가볍게 정리해 보세요.

1 청유형 표현 هَيَّا [하이야:] ~하자

هَيَّا 뒤에는 항상 '우리'를 뜻하는 1인칭 복수 동사가 와야 하고, 수쿤으로 끝나야 합니다.

ـــــــنَـ ـــــْ + هَيَّا

2 규칙 복수

1) 복수형 만들기 - 규칙 복수 남성형

격	단수	→	복수
주격	ـٌ [운]		ـُونَ [우:나]
소유격	ـٍ [인]		ـِينَ [이:나]
목적격	ـًا [안]		

예	뜻	단수	복수
	한국 남자	كُورِيٌّ [쿠:리:윤]	كُورِيُّونَ [쿠:리:유:나]

2) 복수형 만들기 - 규칙 복수 여성형

격	단수	복수
주격	ـَةٌ [(아)툰]	ـَاتٌ [아:툰]
소유격	ـَةٍ [(아)틴]	ـَاتٍ [아:틴]
목적격	ـَةً [(아)탄]	ـَاتٍ [아:틴]

예

뜻	단수	복수
자동차	سَيَّارَةٌ [싸이야:라툰]	سَيَّارَاتٌ [싸이야:라:툰]

3) 불규칙 복수

공통의 어미 없이 불규칙적으로 만들어집니다.

예

뜻	단수	복수
사진	صُورَةٌ [쑤:라툰]	صُوَرٌ [쑤와룬]

패턴으로 연습하기 오늘의 주제와 관련된 다양한 문장을 익혀 보세요.

복수 표현

اَلْمُوَظَّفُونَ كَرِيمُونَ.

[알무왇돠푸:나 카리:무:나]

직원들은 친절하다.

اَلْكُورِيَاتُ جَمِيلَاتٌ.

[알쿠:리야:투 좌밀:라:툰]

한국 여자들은 아름답다.

청유 표현

مِنْ فَضْلِكَ.

[민 파들리카]

부탁합니다.

تَفَضَّلْ.

[타팓돨]

자~ (하세요).

감탄 표현

رَائِعٌ!

[라:이운]

멋지다!

يَا سَلَامُ!

[야: 쌀라:무]

대단하다! (신이 원하는 것이다!)

칭찬하기

كَيْفَ عَمِلْتَهُ؟ أَنْتَ رَائِعٌ!

[카이파 아밀타후? 안타 라:이운]

그걸 해내다니, 대단하군요!

أَنْتَ مُمْتَازٌ!

[안타 뭄타:준]

정말 훌륭합니다!

تَفْعَلُهُ جَيِّدًا.

[타프알루후 좌이이단]

대단히 잘하시는데요.

أَنْتَ أَفْضَلُ.

[안타 아프달루]

당신 최고예요.

단어 정리하기

오늘 배운 대화 속 단어들을 정리해 봅시다.

아랍어	독음	뜻
يَا سَلَامُ	[야: 쌀라:무]	대단하다
مَعْرِضٌ	[마으리둔]	전시회
سَيَّارَاتٌ	[싸이야:라:툰]	자동차들
رَائِعٌ	[라:이운]	멋진, 놀라운
يُمْكِنُ أَنْ	[윰키누 안]	(3인칭 현재 남성) 가능하다
آخُذُ	[아:카두]	(1인칭 현재 단수) 나는 찍다, 취하다
بَعْضٌ	[바으둔]	몇몇의
صُوَرٌ	[쑤와룬]	사진들

마무리 퀴즈

주어진 한국어 뜻과 발음을 참고하여 오늘 배운 아랍어 문장을 써 보세요.

1. 저 차 어때요? [마: 라으유카 피: 틸캈 싸이야:라티]

____

2. 멋져요! 우리 저쪽으로 가 봐요. [뭄타:자툰! 하이야: 나드합 일라: 후나:카]

____

정답

1. مَا رَأْيُكَ فِي تِلْكَ السَّيَّارَةِ.

2. مُمْتَازَةٌ! هَيَّا نَذْهَبْ إِلَى هُنَاكَ.

본 강의 12

عَاطِفَةٌ | 감정2

[아:띠파툰]

Track 12

→ 오늘의 대화에서 꼭 알아야 할 목표 문장을 체크해 보세요.

أَنَا مَسْرُورٌ بِمَعْرِفَتِكَ.	أَنَا مَسْرُورٌ بِلِقَائِكَ.
[아나: 마쓰루:룬 비마으리파티카] 당신을 알게 되어 기쁩니다.	[아나: 마쓰루:룬 빌리까:이카] 만나서 반갑습니다.

대화 살펴보기 라일라와 카림의 대화를 살펴보세요.

라일라

مَا اِسْمُكَ؟

[마: 이쓰무카]

당신의 이름은 무엇인가요?

카림

اِسْمِي كَرِيمٌ. وَأَنْتِ؟

[이쓰미: 카리:문. 와안티]

저는 카림입니다. 당신은요?

라일라

اِسْمِي لَيْلَى. هَلْ أَنْتَ مُوَظَّفٌ فِي شَرِكَةٍ؟

[이쓰미: 라일라:. 할 안타 무왇돠푼 피: 샤리카틴]

라일라입니다. 당신은 회사의 직원인가요?

카림

أَنَا طَالِبٌ جَامِعِيٌّ وَتَخَصُّصِي التِّجَارَةُ.

[아나: 똴:리분 좌:미이:윤 와타캇쑤씨: 티좌:라투]

저는 대학교 학생입니다.

무역을 전공하고 있습니다.

라일라	أَنَا مَسْرُورَةٌ بِلِقَائِكِ. [아나: 마쓰루:라툰 빌리까:이카] 만나게 되어 기쁩니다.
카림	أَنَا مَسْرُورٌ بِمَعْرِفَتِكِ. [아나: 마쓰루:룬 비마으리파티키] 저도 만나게 되어 기쁩니다.

대화 파헤치기 대화 속에 들어있는 핵심 문법 사항을 쉽고, 가볍게 정리해 보세요.

1 동명사: 원형 동사에서 파생된 명사 형태의 품사

동명사는 말 그대로, 명사이지만 동사처럼 자신의 주어와 목적어를 갖습니다. 그렇기 때문에 동명사는 동사의 위치에 대체해서 사용할 수 있습니다. 아랍어의 동명사는 일정한 형태를 갖기보다 수십 가지의 다양한 형태를 갖기 때문에 아래 적힌 대표적인 어휘들은 꼭 암기하는 것이 좋습니다.

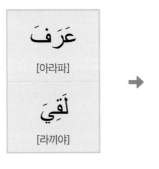

동사		동명사	뜻
عَرَفَ [아라파]	→	مَعْرِفَةٌ [마으리파툰]	알다 → 지식, 앎
لَقِيَ [라끼야]	→	لِقَاءٌ [리까:운]	만나다 → 만남

حَضَرَ [하돠라] 참석하다	حُضُورٌ [후두:룬] 참석	دَعَا [다아:] 초대하다	دَعْوَةٌ [다으와툰] 초대
تَنَاوَلَ [타나:왈라] 먹다	تَنَاوُلٌ [타나:울룬] 먹기	تَزَوَّجَ [타자우와자] 결혼하다	زَوَاجٌ [자와:준] 결혼
شَكَرَ [샤카라] 감사하다	شُكْرٌ [슈크룬] 감사	اِمْتَحَنَ [임타하나] 시험하다	اِمْتِحَانٌ [임티하:눈] 시험
زَارَ [자:라] 방문하다	زِيَارَةٌ [지야:라툰] 방문	سَافَرَ [싸:파라] 여행하다	سَفَرٌ [싸파룬] 여행

패턴으로 연습하기 오늘의 주제와 관련된 다양한 문장을 익혀 보세요.

기쁨 표현

مَسْرُورٌ جِدًّا.

[마쓰루:룬 쥗단]

정말 기뻐요.

مُبْتَهِجٌ جِدًّا.

[무브타히준 쥗단]

무척 즐거워요.

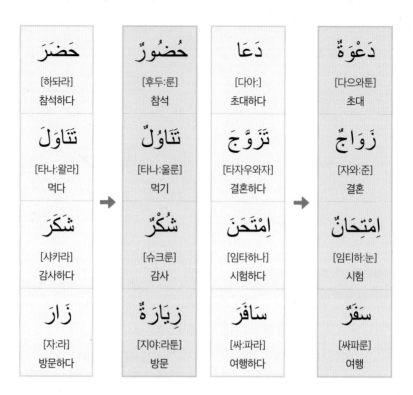

أَشْعُرُ بِسَعَادَةٍ بَالِغَةٍ.

[아슈우루 비싸아:다틴 발:리가틴]

기분이 매우 좋아요.

أَنَا سَعِيدٌ فَلَا أَعْرِفُ مَاذَا أَقُولُ.

[아나: 싸이:둔 팔라: 아으리푸 마:다: 아꿀:루]

너무 기뻐서 무슨 말을 해야 할지 모르겠어.

أَنَا سَعِيدٌ بِكَلَامِكَ.

[아나: 싸이:둔 비칼라:미카]

그 소식을 들으니 정말 기쁘네요.

أَنَّكَ مَسْرُورٌ جِدًّا.

[안나카 마쓰루:룬 쥗단]

정말 기쁘시겠어요.

슬픔 표현

أَنَا حَزِينٌ جِدًّا.

[아나: 하지:눈 쥗단]

너무 슬퍼요.

أَمْرٌ مُؤْسِفٌ جِدًّا.

[아므루 무으씨핀 쥗단]

정말 슬픈 일이군요!

يَا سَلَامُ مِسْكِينٌ.

[야: 쌀라:무 미쓰키:눈]

어머 가엾어라!

أَنَا خَائِبٌ جِدًّا.

[아나: 카:이분 쥗단]

기분이 우울해요.

لَا تَحْزَنُ كَثِيرًا.

[라: 타흐주누 카씨:란]

너무 슬퍼하지 마세요.

أَشْكُرُكَ لِتَعْزِيَتِكَ.

[아슈쿠루카 리타으지야티카]

위로해 주셔서 감사해요.

단어 정리하기 오늘 배운 대화 속 단어들을 정리해 봅시다.

아랍어	독음	뜻
اِسْمٌ	[이쓰문]	이름
طَالِبٌ	[똴:리분]	학생
جَامِعِيٌّ	[좌:미이:윤]	대학의
تَخَصُّصٌ	[타캈쑤쑨]	전공
تِجَارَةٌ	[티좌:라툰]	무역

مَسْرُورٌ بِـ -	[마쓰루:룬 비]	~로 기쁜
لِقَاءٌ	[리까:운]	만남
مَعْرِفَةٌ	[마으리파툰]	지식, 알게 됨

마무리 퀴즈 주어진 한국어 뜻과 발음을 참고하여 오늘 배운 아랍어 문장을 써 보세요.

1. 만나서 반갑습니다. [아나: 마쓰루:룬 빌리까:이카]

______________________________ ←

2. 당신을 알게 되어 기쁩니다. [아나: 마쓰루:룬 비마으리파티카]

______________________________ ←

3. 당신은 회사의 직원인가요? [할 안타 무왇돠푼 피: 샤리카틴]

______________________________ ←

정답

1. أَنَا مَسْرُورٌ بِلِقَائِكَ.
2. أَنَا مَسْرُورٌ بِمَعْرِفَتِكَ.
3. هَلْ أَنْتَ مُوَظَّفٌ فِي شَرِكَةٍ؟

본강의 13

رَأْيٌ | 의견

[라으윤]

Track 13

→ 오늘의 대화에서 꼭 알아야 할 목표 문장을 체크해 보세요.

مَا رَأْيُكَ فِي هَذَا الْكِتَابِ؟	يُعْجِبُنِي هَذَا. شُكْرًا.
[마: 라으유카 피: 하:달: 키타:비] 이 책에 대해 어떻게 생각하나요?	[유으쥐부니: 하:다:. 슈크란] 제 마음에 듭니다. 감사합니다.

대화 살펴보기

라일라와 카림의 대화를 살펴보세요.

라일라 مَاذَا تَفْعَلُ الْآنَ؟

[마:다: 타프알룰 아:나]

지금 뭐하고 있나요?

카림 أَقْرَأُ الْكِتَابَ. أُحِبُّ كُتُبًا.

[아끄라울 키타:바. 우힙부 쿠투반]

책을 읽고 있습니다. 저는 책을 좋아합니다.

라일라 اِقْتَرِحْ لِي كِتَابًا وَاحِدًا.

[이끄타리흐 리: 키타:반 와:히단]

저에게 책 한 권만 추천해 주세요.

카림 مَا رَأْيُكِ فِي هَذَا الْكِتَابِ؟

[마: 라으유키 피: 하:달: 키타:비]

이 책은 어떤가요?

라일라	يُعْجِبُنِي هَذَا. شُكْرًا. [유으쥐부니: 하:다:. 슈크란] 제 마음에 듭니다. 감사합니다.

대화 파헤치기 대화 속에 들어있는 핵심 문법 사항을 쉽고, 가볍게 정리해 보세요.

1 أَعْجَبَ [아으좌바] 즐겁게 하다(마음에 든다)

أَعْجَبَ 는 일반적으로 사물이 주어지고, 사람이 목적어로 사용되는 구조입니다.

> يُعْجِبُ
>
> 그 물건이 (사람의) 마음을 기쁘게 하다.
>
> **이 책**(주어, 남성형 단어)이 내 마음을 **기쁘게 한다**(3인칭 남성 단수 동사).

* 만약 '종이(여성형 단어)'가 주어가 된다면, 3인칭 여성 단수 동사 تُعْجِبُ 를 사용해야 합니다.

예

يُعْجِبُنِي هَذَا الكِتَابُ.

[유으쥐부니: 하:달: 키타:부]

나는 이 책이 마음에 들어요.

تُعْجِبُهُ هَذِهِ الوَرَقَةُ.

[투으쥐부후 하:디힐 와라까투]

그는 이 종이가 마음에 들어요.

패턴으로 연습하기 오늘의 주제와 관련된 다양한 문장을 익혀 보세요.

마음에 든다 표현(사물 남성형)

يُعْجِبُنِي.

[유으쥐부니:]

그것(남)이 **나의** 마음에 든다.

يُعْجِبُكَ.

[유으쥐부카]

그것(남)이 **당신(남)의** 마음에 든다.

يُعْجِبُكِ.

[유으쥐부키]

그것(남)이 **당신(여)의** 마음에 든다.

يُعْجِبُهُ.

[유으쥐부후]

그것(남)이 **그의** 마음에 든다.

يُعْجِبُهَا.

[유으쥐부하:]

그것(남)이 **그녀의** 마음에 든다.

마음에 든다 표현(사물 여성형)

تُعْجِبُنِي

[투으쥐부니:]

그것(여)이 **나의** 마음에 든다.

تُعْجِبُكَ

[투으쥐부카]

그것(여)이 **당신(남)의** 마음에 든다.

تُعْجِبُكِ

[투으쥐부키]

그것(여)이 **당신(여)의** 마음에 든다.

تُعْجِبُهُ

[투으쥐부후]

그것(여)이 **그의** 마음에 든다.

تُعْجِبُهَا

[투으쥐부하:]

그것(여)이 **그녀의** 마음에 든다.

부탁 표현

هَلْ يُمْكِنُكَ أَنْ تُسَاعِدَنِي؟

[할 윰키누카 안 투싸:이다니:]

이것 좀 도와주실 **수 있나요?**

هَلْ يُمْكِنُكَ أَنْ تَذْهَبَ مَعِي؟

[할 윰키누카 안 타드하바 마이:]

같이 가 주실 수 있나요?

هَلْ يُمْكِنُنِي أَنْ أَطْلُبَ مِنْكَ؟

[할 윰키누니: 안 아뜰루바 민카]

부탁 좀 해도 될까요?

سَاعِدْنِي مِنْ فَضْلِكَ.

[싸:이드니: 민 파들리카]

저 좀 도와주세요.

의견 표현

هَلْ فَكَّرْتَ فِيهِ؟

[할 팍카르타 피:히]

생각 좀 해 보셨어요?

أَعْطِنِي وَقْتًا قَصِيرًا لِأُفَكِّرَ فِيهِ.

[아으띠니: 와끄탄 까시:란 리우팍키라 피:히]

잠시 생각할 시간을 주세요.

ذَلِكَ أَحْسَنُ.

[달리카 아흐싸누]

그게 더 좋겠어요.

عَفْوًا. غَيَّرْتُ رَأْيِي.

[아프완. 가이야르투 라으이:]

죄송해요. 생각을 바꿨어요.

단어 정리하기

오늘 배운 대화 속 단어들을 정리해 봅시다.

아랍어	독음	뜻
مَاذَا	[마:다:]	무엇 (+동사)
تَفْعَلُ	[타프알루]	(2인칭 현재 남성) 당신(남)은 한다
أَقْرَأُ	[아끄라우]	(1인칭 현재 단수) 나는 읽는다
أُحِبُّ	[우힙부]	(1인칭 현재 단수) 나는 좋아한다
اِقْتَرِحْ	[이끄타리흐]	(2인칭 명령형 남성) 추천해 주세요
هَذَا	[하:다:]	이것(남)
يُعْجِبُنِي	[유으쥐부니:]	그것(남)이 나의 마음에 든다

마무리 퀴즈

주어진 한국어 뜻과 발음을 참고하여 오늘 배운 아랍어 문장을 써 보세요.

1. 이 책에 대해 어떻게 생각하나요? [마: 라으유카 피: 하:달: 키타:비]

______________________________ ←

2. 제 마음에 듭니다. 감사합니다. [유으쥐부니: 하:다:. 슈크란]

______________________________ ←

정답

1. مَا رَأْيُكَ فِي هَذَا الْكِتَابِ؟

2. يُعْجِبُنِي هَذَا. شُكْرًا.

본강의
14 مَوْعِدٌ | 약속

[마우이둔]

Track 14

→ 오늘의 대화에서 꼭 알아야 할 목표 문장을 체크해 보세요.

هَلْ عِنْدَكَ مَوْعِدٌ يَوْمَ الْخَمِيسِ؟	لَا، لَيْسَ عِنْدِي.
[할 인다카 마우이둔 야우말 카미:씨] 목요일에 약속이 있나요?	[라: 라이싸 인디:] 아니요. 없습니다.

대화 살펴보기

라일라와 카림의 대화를 살펴보세요.

라일라

آلُو. هَلْ عِنْدَكَ مَوْعِدٌ يَوْمَ الْخَمِيسِ؟

[알:루:. 할 인다카 마우이둔 야우말 카미:씨]
여보세요. 혹시 목요일에 약속 있나요?

카림

لَا، لَيْسَ عِنْدِي. لِمَاذَا؟

[라: 라이싸 인디:. 리마:다:]
아니요, 없습니다. 왜 그러시죠?

라일라

أُرِيدُ أَنْ أَذْهَبَ إِلَى الْمَتْحَفِ.

هَيَّا نَذْهَبْ إِلَى الْمَتْحَفِ مَعًا.

[우리:두 안 아드하바 일랄: 마트하피. 하이야: 나드합 일랄: 마트하피 마안]
박물관에 가고 싶습니다. 같이 가요.

카림

سَأَفْعَلُ هَكَذَا.

[싸아프알루 하카다:]
그렇게 합시다.

라일라	نَلْتَقِي يَوْمَ الْخَمِيسِ. [날타끼: 야우말 카미:씨] 목요일에 만나요.

대화 파헤치기 대화 속에 들어있는 핵심 문법 사항을 쉽고, 가볍게 정리해 보세요.

1 요일 يَوْمٌ / 주 أُسْبُوعٌ

일요일	월요일	화요일	수요일
يَوْمُ الْأَحَدِ	يَوْمُ الْاِثْنَيْنِ	يَوْمُ الثُّلَاثَاءِ	يَوْمُ الْأَرْبِعَاءِ
[야우물 아하디]	[야우물 이쓰나이니]	[야우뭇 쑬라:싸:이]	[야우물 아르비아:이]
목요일	**금요일**	**토요일**	**주**
يَوْمُ الْخَمِيسِ	يَوْمُ الْجُمْعَةِ	يَوْمُ السَّبْتِ	أُسْبُوعٌ
[야우물 카미:씨]	[야우물 주므아티]	[야우뭇 쌉티]	[우쓰부:운]

2 시간 부사 관련 어휘와 표현

아랍어는 동사의 시제 구분이 세분화되어 있지 않기 때문에 이를 보완하기 위해 시간을 나타내는 부사가 발달했습니다. 다양한 시간 부사 어휘와 표현을 알아봅시다.

فَجْرًا	صَبَاحًا	ظُهْرًا	عَصْرًا	مَسَاءً	لَيْلًا
[파즈란]	[쏴바:한]	[두흐란]	[아스란]	[마싸:안]	[라일란]
새벽(에)	아침(에)	정오(에)	오후(3~6시에)	저녁(에)	밤(에)

قَبْلَ قَلِيلٍ	اَلْآنَ	بَعْدَ قَلِيلٍ	مَاضٍ	حَالِيٌّ، جَارٍ	قَادِمٌ
[까블라 깔릴:린]	[알아:나]	[바으다 깔릴:린]	[마:딘]	[할:리:윤, 좌:린]	[까:디문]
조금 전(에)	지금	조금 후(에)	과거의, 지난	현재	(다가)오는

قَبْلَ أَمْسِ	أَمْسِ	اَلْيَوْمَ	غَدًا	بَعْدَ غَدٍ	يَوْمِيًّا
[까블라 암씨]	[암씨]	[알야우마]	[가단]	[바으다 가딘]	[야우미:얀]
그저께	어제	오늘	내일	모레	매일

لَيْلَ أَمْسِ	صَبَاحَ الْيَوْمِ	مَسَاءَ الْيَوْمِ	غَدًا صَبَاحًا	فِي مُنْتَصَفِ اللَّيْلِ
[라일라 암씨]	[솨바:할 야우미]	[마싸:알 야우미]	[가단 솨바:한]	[피: 문타솨필 라일리]
어제 밤(에)	오늘 아침(에)	오늘 저녁(에)	내일 아침(에)	한밤중(에)

* 시간을 나타내는 명사는 주로 목적격으로 사용되며, 전치사 فِي와 함께 소유격으로 사용되기도 합니다. (예: صَبَاحًا = فِي الصَّبَاحِ)

패턴으로 연습하기

오늘의 주제와 관련된 다양한 문장을 익혀 보세요.

~에 만나요

نَلْتَقِي يَوْمَ الْجُمْعَةِ.

[날타끼: 야우말 주므아티]

금요일**에 만나요**.

نَلْتَقِي بَعْدَ غَدٍ.

[날타끼: 바으다 가딘]

모레**에 만나요**.

نَلْتَقِي مَسَاءَ الْيَوْمِ.

[날타끼: 마싸:알 야우미]

오늘 저녁에 만나요.

약속 시간에 늦을 때

سَأَتَأَخَّرُ عَنِ الْمَوْعِدِ.

[싸아타악카루 아닐 마우이디]

약속 시간에 늦겠어요.

آسِفٌ عَلَى التَّأَخُّرِ.

[아:씨푼 알랕: 타악쿠리]

늦어서 죄송합니다.

تَأَخَّرْتُ بِسَبَبِ الْاِزْدِحَامِ.

[타악카르투 비싸바빌 이즈디하:미]

길이 많이 막혀서 늦었어요.

تَأَخَّرْتُ عَنِ الْمَوْعِدِ كَثِيرًا.

[타악카르투 아닐 마우이디 카씨:란]

약속 시간에 많이 늦었어요.

약속/ 예약 확인

أُرِيدُ التَّأْكِيدَ عَلَى الْحَجْزِ.

[우리:둩 타으키:다 알랄: 하즈지]

예약을 확인하고 싶습니다.

قُلْ لِي اِسْمَكَ وَرَقْمَ الْحَجْزِ.

[꿀 리: 이쓰마카 와라끄말 하즈지]

성함과 예약 번호를 알려주시겠어요?

أُرِيدُ تَغْيِيرَ الْحَجْزِ.

[우리:두 타그이:랄 하즈지]

예약을 변경하고 싶습니다.

هَلْ يُمْكِنُنِي تَغْيِيرَ الْحَجْزِ؟

[할 윰키누니: 타그이:랄 하즈지]

예약을 변경할 수 있나요?

단어 정리하기 오늘 배운 대화 속 단어들을 정리해 봅시다.

아랍어	독음	뜻
مَوْعِدٌ	[마우이둔]	약속
يَوْمُ الْخَمِيسِ	[야우물 카미:씨]	목요일
لَيْسَ	[라이싸]	(3인칭 현재 남성) ~이 아니다
لِمَاذَا	[리마:다:]	왜
مَتْحَفٌ	[마트하푼]	박물관

مَعًا	[마안]	함께
هَكَذَا	[하카다:]	그렇게
نَلْتَقِي	[날타끼:]	(1인칭 현재 복수) 우리는 만난다

마무리 퀴즈 주어진 한국어 뜻과 발음을 참고하여 오늘 배운 아랍어 문장을 써 보세요.

1. 목요일에 약속이 있나요? [할 인다카 마우이둔 야우말 카미:씨]

______________________ ←

2. 아니요, 없습니다. [라: 라이싸 인디:]

______________________ ←

3. 목요일에 만나요. [날타끼: 야우말 카미:씨]

______________________ ←

정답

1. هَلْ عِنْدَكَ مَوْعِدٌ يَوْمَ الْخَمِيسِ؟
2. لَا، لَيْسَ عِنْدِي.
3. نَلْتَقِي يَوْمَ الْخَمِيسِ.

본 강의 15

Track 15

مُعَارَضَةٌ، مُوَافِقٌ

[무가:라돠툰] [무와:피꾼]

찬성, 반대

➡ 오늘의 대화에서 꼭 알아야 할 목표 문장을 체크해 보세요.

آسِفٌ. أَنَا مَشْغُولٌ جِدًّا.	هَلْ يُمْكِنُنَا أَنْ نَذْهَبَ إِلَى شَاطِئِ الْبَحْرِ؟
[아:씨푼. 아나: 마슈굴:룬 쥗단] 죄송합니다. 제가 매우 바쁩니다.	[할 윰키누나: 안 나드하바 일라: 샤:띠일 바흐리] 우리 해변에 갈 수 있나요?

대화 살펴보기

라일라와 카림의 대화를 살펴보세요.

라일라

هَلْ يُمْكِنُنَا أَنْ نَذْهَبَ إِلَى شَاطِئِ الْبَحْرِ؟

[할 윰키누나: 안 나드하바 일라: 샤:띠일 바흐리]
우리 해변에 갈 수 있나요?

카림

مَا يَوْمُ الْمُغَادَرَةِ؟

[마: 야우물 무가:다라티]
어느 날에요?

라일라

فِي يَوْمِ السَّبْتِ.

[피: 야우밌 쌉티]
토요일에요.

카림	آسِفٌ. أَنَا مَشْغُولٌ جِدًّا فِي يَوْمِ السَّبْتِ. [아:씨푼. 아나: 마슈굴:룬 쥗단 피: 야우밌 쌉티] 죄송합니다. 토요일에는 제가 많이 바쁘네요.
라일라	لَيْسَتْ مُشْكِلَةً. [라이싸트 무슈킬라탄] 네 괜찮습니다.

대화 파헤치기 대화 속에 들어있는 핵심 문법 사항을 쉽고, 가볍게 정리해 보세요.

1 부정(동)사 لَيْسَ [라이싸]: '아니다' 등 부정을 나타내는 동사

명사문은 현재 시제에서 동사를 쓰지 않습니다. 그러나 부정을 나타낼 때에는 'لَيْسَ [라이싸] 그는 아니다(없다)' 동사를 써서 부정문을 만들며, 일반적인 어순은 '동사(لَيْسَ) + 주부(어) + 술부(어)'의 순서로 사용합니다. لَيْسَ는 주어의 인칭, 성, 수에 따라 다른 형을 취하기 때문에 인칭대명사를 따로 쓸 필요가 없습니다. لَيْسَ 자신은 3인칭 남성 단수형이지만 해당 동사의 원형으로도 사용됩니다. **명사문이 لَيْسَ에 의해 부정되면 술어는 목적격(ـَـ)으로 변합니다.** لَيْسَ는 문두 또는 서술어 앞에 올 수 있습니다.

أَنَا	نَحْنُ	أَنْتَ	أَنْتِ	هُوَ	هِيَ
لَسْتُ	لَسْنَا	لَسْتَ	لَسْتِ	لَيْسَ	لَيْسَتْ
[라쓰투] 내가 ~가 아닌	[라쓰나:] 우리가 ~가 아닌	[라쓰타] 당신(남)가 ~가 아닌	[라쓰티] 당신(여)가 ~가 아닌	[라이싸] 그가 ~가 아닌	[라이싸트] 그녀가 ~가 아닌

나는 아랍인입니다.		나는 아랍인이 아닙니다.
أَنَا عَرَبِيٌّ.	➡	لَسْتُ عَرَبِيًّا.
[아나: 아라비:윤]		[라쓰투 아라비:얀]

패턴으로 연습하기 오늘의 주제와 관련된 다양한 문장을 익혀 보세요.

부정사 표현

لَسْتُ عَرَبِيًّا.

[라쓰투 아라비:얀]

나는 아랍인이 **아니다**.

لَسْنَا طُلَّابًا.

[라쓰나: 뚤라:반]

우리는 학생이 **아니다**.

لَسْتَ مُجْتَهِدًا.

[라쓰타 무즈타히단]

당신(남)은 부지런하지 **않다**.

لَسْتِ مَشْهُورَةً.

[라쓰티 마슈후:라탄]

당신(여)은 유명하지 **않다**.

لَا، لَيْسَ هَكَذَا.

[라:, 라이싸 하카다:]

아니요, 그렇지 **않다**.

لَيْسَتْ جَمِيلَةً.

[라이싸트 자밀:라탄]

그것(여)은 아름답지 않다.

찬성 표현

نَعَمْ، كَلَامُكَ صَحِيحٌ.

[나암. 칼라:무카 쏴히:훈]

예, 그렇습니다.

نَعَمْ. أُوَافِقُ عَلَيْكَ.

[나암. 우와:피꾸 알라이카]

예, 그렇게 생각합니다.

أَنَا مُوَافِقٌ عَلَى رَأْيِكَ.

[아나: 무와:피꾼 알라: 라으이카]

그 의견에 동감합니다.

أَفْهَمُ جَيِّدًا.

[아프하무 좌이이단]

잘 알겠습니다.

반대 표현

لَا أُوَافِقُ عَلَى رَأْيِكَ.

[라: 우와:피꾸 알라: 라으이카]

그 의견에 반대합니다.

لَا. لَا أُفَكِّرُ هَكَذَا.

[라:. 라: 우팟키루 하카다:]

아니요, 그렇게 생각하지 않습니다.

단어 정리하기

오늘 배운 대화 속 단어들을 정리해 봅시다.

아랍어	독음	뜻
شَاطِئُ الْبَحْرِ	[샤:띠울 바흐리]	해변
مُغَادَرَةٌ	[무가:다라툰]	떠남
يَوْمُ السَّبْتِ	[야우뭇 쌉티]	토요일
آسِفٌ	[아:씨푼]	죄송합니다
مَشْغُولٌ	[마슈굴:룬]	바쁜
لَيْسَتْ	[라이싸트]	(3인칭 현재 여성) 그녀가 ~가 아닌
مُشْكِلَةٌ	[무슈킬라툰]	문제

마무리 퀴즈 주어진 한국어 뜻과 발음을 참고하여 오늘 배운 아랍어 문장을 써 보세요.

1. 우리 해변에 갈 수 있나요? [할 윰키누나: 안 나드하바 일라: 샤:띠일 바흐리]

______________________________ ←

2. 죄송합니다. 제가 매우 바쁩니다. [아:씨푼. 아나: 마슈굴:룬 쥗단]

______________________________ ←

3. 어느 날에요? [마: 야우뭄 무가:다라티]

______________________________ ←

4. 토요일에요. [피: 야우밌 쌉티]

______________________________ ←

정답

1. هَلْ يُمْكِنُنَا أَنْ نَذْهَبَ إِلَى شَاطِئِ الْبَحْرِ؟
2. آسِفٌ. أَنَا مَشْغُولٌ جِدًّا.
3. مَا يَوْمُ الْمُغَادَرَةِ؟
4. فِي يَوْمِ السَّبْتِ.

본 강의 16

أَتَمَنَّى | 소망

[아타만나:]

Track 16

➡ 오늘의 대화에서 꼭 알아야 할 목표 문장을 체크해 보세요.

شُكْرًا.	أَتَمَنَّى لَكَ رِحْلَةً سَعِيدَةً.
[슈크란] 감사합니다.	[아타만나: 라카 리흘라탄 싸이:다탄] 즐거운 여행 되시길 바랍니다.

대화 살펴보기 라일라와 카림의 대화를 살펴보세요.

라일라

لَوْ سَمَحْتَ. أُرِيدُ أَنْ أَذْهَبَ إِلَى هَذَا الْفُنْدُقِ. هَلْ هَذَا الطَّرِيقُ صَحِيحٌ؟

[라우 싸마흐타. 우리:두 안 아드하바 일라: 하:달: 푼두끼. 할 하:닫: 따리:꾸 쏴히:훈]
실례합니다. 힐튼 호텔로 가고 싶은데, 이 길이 맞나요?

카림

نَعَمْ، كَلَامُكِ صَحِيحٌ.

هَلْ هَذِهِ أَوَّلُ زِيَارَةٍ لِلْقَاهِرَةِ؟

[나암, 칼라:무키 쏴히:훈.
할 하:디히 아우왈루 지야:라틴 릴까:히라티]
예, 그렇습니다. 카이로는 처음 방문하시는 건가요?

라일라

نَعَمْ، هَذِهِ أَوَّلُ زِيَارَةٍ.

حَضَرْتُ لِقَضَاءِ الْعُطْلَةِ.

[나암, 하:디히 아우왈루 지야:라틴.
하돠르투 리까다:일 우뜰라티]
네, 처음입니다. 휴가를 보내려고 왔습니다.

카림

أَتَمَنَّى لَكِ رِحْلَةً سَعِيدَةً.

[아타만나: 라키 리흘라탄 싸이:다탄]

즐거운 여행 되세요.

대화 파헤치기

대화 속에 들어있는 핵심 문법 사항을 쉽고, 가볍게 정리해 보세요.

지시대명사 : 사람이나 사물을 가리키는 대명사

지시대명사는 문장에서 주어 역할을 하며, 지시대명사 뒤에는 정관사가 없는 명사(비한정 명사 또는 연결형 명사)가 옵니다. '이것, 저것'이라는 뜻을 지닙니다. 지시사 뒤에 정관사가 있는 명사가 올 경우, 그 지시사는 지시대명사가 아닌 지시형용사가 된다는 점을 기억해 주세요!

	남성	여성
이것, 이 분	هَذَا [하:다:]	هَذِهِ [하:디히]
	남성	여성
저것, 저 분	ذَلِكَ [달:리카]	تِلْكَ [틸카]

✔ 지시대명사

هَذِهِ فَاتُورَةٌ.

[하:디히 파:투:라툰]

이것(여)은 영수증이다.

ذَلِكَ ضَيْفٌ.

[달:리카 돠이푼]

저 분은 손님이다.

지시형용사 : 형용사 역할을 하는 지시사, '이, 저'라는 뜻을 지님

앞서 언급했듯이, 지시사 뒤에 정관사가 있는 명사가 오면 그 지시사는 지시형용사가 됩니다. 문장에서 명사를 수식하는 역할을 하고, '이 (명사)는, 저 (명사)는'에서 '이, 저'의 역할을 합니다.

✔ 지시형용사

ذَلِكَ الْجُزْءُ خَفِيفٌ. [달:리칼 주즈우 카피:푼] 저 부분은 가볍다.
هَذَا الْكَاتِبُ مَشْهُورٌ. [하:달: 카:티부 마슈후:룬] 이 저자는 유명하다.

패턴으로 연습하기 오늘의 주제와 관련된 다양한 문장을 익혀 보세요.

바람 표현

أَرْجُو أَنْ أُقَابِلَكَ مَرَّةً أُخْرَى.

[아르주: 안 우까:빌라카 마ㄹ라탄 우크라:]

다시 만나길 바랍니다.

أَرْجُو لَكُمْ وَقْتًا سَعِيدًا.

[아르주: 라쿰 와끄탄 싸이:단]

즐거운 시간 보내세요.

أَتَمَنَّى لَكُمْ يَوْمًا سَعِيدًا.

[아타만나: 라쿰 야우만 싸이:단]

좋은 하루 되세요.

أَتَمَنَّى لَكُمْ وَقْتًا مُمْتِعًا.

[아타만나: 라쿰 와끄탄 뭄티안]

재미있게 보내세요.

기원 표현

بِالتَّوْفِيقِ.

[빝타우피:끼]

성공을 빕니다.

أَرْجُو أَنْ يَكُونَ كُلُّ شَيْءٍ عَلَى مَا يُرَامُ.

[아르주: 안 야쿠:나 쿨루 샤이인 알라: 마: 유라:무]

모든 일이 잘 되기를 바랍니다.

اَلصِّحَّةُ وَالْعَافِيَةُ.

[앗씨하투 왈아:피야투]

건강하세요.

أَتَمَنَّى لَكَ حَظًّا مُوَفَّقًا.

[아타만나: 라카 핟돤 무왘파깐]

행운을 빕니다.

أَتَمَنَّى أَنْ تَكُونَ سَعِيدًا.

[아타만나: 안 타쿠:나 싸이:단]

행복하기를 빌겠습니다.

단어 정리하기 오늘 배운 대화 속 단어들을 정리해 봅시다.

아랍어	독음	뜻
لَوْ سَمَحْتَ	[라우 싸마흐타]	실례합니다(남)
فُنْدُقٌ	[푼두꾼]	호텔
طَرِيقٌ	[따리:꾼]	길
صَحِيحٌ	[쏴히:훈]	올바른, 맞는
كَلَامٌ	[칼라:문]	말
أَوَّلٌ	[아우왈룬]	첫 번째의
زِيَارَةٌ	[지야:라툰]	방문
اَلْقَاهِرَةُ	[알까:히라투]	카이로
حَضَرْتُ	[하돠르투]	(1인칭 과거 단수) ~에 참석했다
قَضَاءٌ	[까다:운]	시간을 보냄
عُطْلَةٌ	[우뜰라툰]	방학, 휴가
رِحْلَةٌ	[리흘라툰]	여행

마무리 퀴즈 주어진 한국어 뜻과 발음을 참고하여 오늘 배운 아랍어 문장을 써 보세요.

1. 즐거운 여행 되시길 바랍니다. [아타만나: 라카 리흘라탄 싸이:다탄]

______________________ ←

2. 감사합니다. [슈크란]

______________________ ←

3. 실례합니다. [라우 싸마흐타]

______________________ ←

4. 이 길이 맞나요? [할 하:닫: 따리:꾸 솨히:훈]

______________________ ←

정답

1. أَتَمَنَّى لَكَ رِحْلَةً سَعِيدَةً.
2. شُكْرًا.
3. لَوْ سَمَحْتَ.
4. هَلْ هَذَا الطَّرِيقُ صَحِيحٌ؟

본 강의 17

تَسَوُّقٌ | 쇼핑1

Track 17

[타싸우:꾼]

→ 오늘의 대화에서 꼭 알아야 할 목표 문장을 체크해 보세요.

أَلْبَسُ لِبَاسًا كَبِيرَ الْحَجْمِ.	مَا مَقَاسُكَ؟
[알바쑤 리바:싼 카비:랄 하즈미] 저는 라지 사이즈를 입습니다.	[마: 마까:쑤카] 당신은 어떤 사이즈를 입나요?

대화 살펴보기 라일라와 카림의 대화를 살펴보세요.

라일라

أَيُّ خِدْمَةٍ؟

[아이유 키드마틴]
무엇을 도와드릴까요?

카림

أُرِيدُ أَنْ أَشْتَرِيَ قَمِيصًا.

[우리:두 안 아슈타리야 까미:싼]
티셔츠를 하나 사려고 합니다.

라일라

مَا مَقَاسُكَ؟

[마: 마까:쑤카]
무슨 사이즈 입으시나요?

카림

أَلْبَسُ لِبَاسًا كَبِيرَ الْحَجْمِ.

[알바쑤 리바:싼 카비:랄 하즈미]
라지 사이즈 입습니다.

라일라	هَذَا الْقَمِيصُ مُنَاسِبٌ لَكَ. [하:달: 까미:쑤 무나:씨분 라카] 이 옷이 손님께 아주 잘 어울립니다.
카림	شُكْرًا. [슈크란] 감사합니다.

대화 파헤치기 대화 속에 들어있는 핵심 문법 사항을 쉽고, 가볍게 정리해 보세요.

1 의문사 هَلْ / أَ [할 / 아] ~입니까?

'예, 아니요'로 대답하는 의문문을 만들 때에는 문장의 첫머리에 의문사 هَلْ 을 붙이고 문장의 끝을 약간 올려서 발음합니다. هَلْ 은 한국어 '~입니까?'의 '까?'에 해당되며, هَلْ 의 대답으로는 نَعَمْ [나암] '네', لَا [라:] 아니요'를 사용할 수 있습니다. 같은 뜻과 기능을 가진 의문사로 أَ 가 있는데, أَ 는 다음 단어와 붙여서 사용하며, 부정사 앞에서는 أَ 를 هَلْ 보다 더 많이 사용합니다.

✔ 의문사 هَلْ

هَلْ هَذِهِ سَيَّارَتُكِ؟

[할 하:디히 싸이야:라투키?]

이것은 너(여)의 자동차니?

✔ 의문사 أَ

أَلَيْسَ كَذَلِكَ؟

[아라이싸 카달리카]

그렇지 않습니까?

패턴으로 연습하기 오늘의 주제와 관련된 다양한 문장을 익혀 보세요.

사이즈 표현

هَذَا الْمَقَاسُ كَبِيرٌ جِدًّا.

[하:달: 마까:쑤 카비:룬 쥗단]

이건 너무 커요.

هَذَا السِّرْوَالُ طَوِيلٌ جِدًّا.

[하:닸: 씨르왈루 똬윌:룬 쥗단]

이 바지는 너무 길어요.

هَلْ عِنْدَكُمْ مَقَاسٌ أَصْغَرُ؟

[할 인다쿰 마까:쑨 아쓰가루]

좀 더 작은 사이즈는 없나요?

هَذَا الْمَقَاسُ صَغِيرٌ جِدًّا.

[하:달: 마까:쑤 쏴기:룬 쥗단]

이건 너무 작아요.

هَلْ عِنْدَكُمْ مَقَاسٌ أَكْبَرُ؟

[할 인다쿰 마까:쑨 아크바루]

좀 더 큰 사이즈는 없나요?

색깔 표현

أَيَّ لَوْنٍ تُرِيدُ؟

[아이야 라우닌 투리:두]

어떤 색깔을 원하세요?

أَلَا يُوجَدُ لَوْنٌ آخَرُ؟

[알라: 유:자두 라우눈 아:카루]

다른 색깔은 없나요?

لَا يُعْجِبُنِي اللَّوْنُ.

[라: 유으쥐부닐: 라우누]

색이 마음에 들지 않아요.

اَللَّوْنُ غَامِقٌ جِدًّا.

[알라우누 가:미꾼 쥗단]

색깔이 너무 어두워요.

أَلَا يُوجَدُ لَوْنُ فَاتِحٍ؟

[알라: 유:좌두 라우누 파:티힌]

좀 더 밝은 것은 없나요?

단어 정리하기 오늘 배운 대화 속 단어들을 정리해 봅시다.

아랍어	독음	뜻
أَيٌّ	[아이윤]	어떤, 어느
خِدْمَةٌ	[키드마툰]	도움, 서비스
أَشْتَرِي	[아슈타리:]	(1인칭 현재 단수) 나는 산다
قَمِيصٌ	[까미:쑨]	셔츠
مَقَاسٌ	[마까:쑨]	사이즈
أَلْبَسُ	[알바쑤]	(1인칭 현재 단수) 나는 입는다
لِبَاسٌ	[리바:쑨]	옷
كَبِيرٌ	[카비:룬]	큰
حَجْمٌ	[하즈문]	사이즈
مُنَاسِبٌ لِـ	[무나:씨분 리]	~에게 어울리는

마무리 퀴즈 주어진 한국어 뜻과 발음을 참고하여 오늘 배운 아랍어 문장을 써 보세요.

1. 당신은 어떤 사이즈를 입나요 ? [마: 마까:쑤카]

______________________________ ←

2. 저는 라지 사이즈를 입습니다. [알바쑤 리바:싼 카비:랄 하즈미]

______________________________ ←

3. 무엇을 도와드릴까요? [아이유 키드마틴]

______________________________ ←

4. 이 옷이 손님께 아주 잘 어울립니다. [하:달: 까미:쑤 무나:씨분 라카]

______________________________ ←

정답

1. مَا مَقَاسُكَ؟
2. أَلْبَسُ لِبَاسًا كَبِيرَ الْحَجْمِ.
3. أَيُّ خِدْمَةٍ؟
4. هَذَا الْقَمِيصُ مُنَاسِبٌ لَكَ.

본 강의 18

تَسَوُّقٌ | 쇼핑2

[타싸우:꾼]

Track 18

→ 오늘의 대화에서 꼭 알아야 할 목표 문장을 체크해 보세요.

بِكَمْ هَذَا؟	بِخَمْسِينَ دِينَارًا.
[비캄 하:다:] 이것은 얼마인가요?	[비캄씨:나 디:나:란] 50디나르입니다.

대화 살펴보기 라일라와 카림의 대화를 살펴보세요.

라일라	أَيُّ خِدْمَةٍ؟ [아이유 키드마틴] 무엇을 도와드릴까요?
카림	أُرِيدُ أَنْ أَشْتَرِيَ بَنْطَلُونًا. [우리:두 안 아슈타리야 반딸루:난] 바지를 하나 사려고 합니다.
라일라	مَا رَأْيُكَ فِي هَذَا الْبَنْطَلُونِ؟ [마: 라으유카 피: 하:달: 반딸루:니] 이 바지는 어떤가요?
카림	يُعْجِبُنِي هَذَا. بِكَمْ هَذَا؟ [유으쥐부니: 하:다:. 비캄 하:다:] 마음에 듭니다. 얼마인가요?

بِخَمْسِينَ دِينَارًا. [비캄씨:나 디:나:란] 50디나르입니다.	라일라
اَلسِّعْرُ غَالٍ جِدًّا. [앗씨으루 갈:린 쥗단] 가격이 너무 비쌉니다.	카림
لَا، اَلسِّعْرُ مَعْقُولٌ. [라:, 앗씨으루 마으꿀:룬] 그렇지 않습니다. 가격은 적당합니다.	라일라

대화 파헤치기 대화 속에 들어있는 핵심 문법 사항을 쉽고, 가볍게 정리해 보세요.

1 아랍의 화폐 종류&단위

화폐 이름			사용하는 국가
단수	복수	명칭	
رِيَالٌ	رِيَالَاتٌ	리얄	사우디아라비아, 오만, 카타르, 예멘
دِينَارٌ	دَنَانِيرُ	디나르	쿠웨이트, 바레인, 요르단, 이라크, 리비아, 튀니지, 알제리, 수단
لِيرَةٌ	لِيرَاتٌ	리라	시리아, 레바논
جُنَيْهٌ	جُنَيْهَاتٌ	주네이흐 (파운드)	이집트, 수단
دِرْهَمٌ	دَرَاهِمُ	디르함	UAE, 모로코
دُولَارٌ	دُولَارَاتٌ	달러	미국 등

2 아랍의 화폐 종류 이미지로 살펴보기

리얄

디나르

리라

주네이흐(파운드)

디르함

달러

패턴으로 연습하기 오늘의 주제와 관련된 다양한 문장을 익혀 보세요.

계산 표현

هُوَ غَالٍ جِدًّا.

[후와 갈:린 쥗단]

생각보다 비싸네요.

تَشْتَرِي بِسِعْرٍ رَخِيصٍ.

[타슈타리: 비씨으린 라키:씬]

싸게 사시는 겁니다.

أُرِيدُ خَصْمًا فِي السِّعْرِ.

[우리:두 카쓰만 핏: 씨으리]

가격 좀 깎아 주세요.

أَدْفَعُ بِبِطَاقَةِ الاِئْتِمَانِ.

[아드파우 비비따:까틸 이으티마:니]

신용카드로 계산할게요.

교환, 환불 표현

أُرِيدُ أَنْ أُغَيِّرَ هَذَا الشَّيْءَ.

[우리:두 안 우가이:라 하:닷: 샤이아]

이것을 교환하고 싶어요.

أُلْغِي اِسْتِعْمَالَ الْبِطَاقَةِ مِنْ فَضْلِكَ.

[울기: 이쓰티으말:랄 비따:까티 민 파들리카]

카드 사용을 취소해 주세요.

لِمَاذَا تُرِيدُ التَّغْيِيرَ؟

[리마:다: 투리:둗 타그이:라]

왜 교환하려고 하세요?

أُرِيدُ الصَّرْفَ.

[우리:듔 싸르파]

환불을 원합니다.

أُرِيدُ الْفَاتُورَةَ.

[우리:둘 파:투:라타]

영수증 주세요.

단어 정리하기 오늘 배운 대화 속 단어들을 정리해 봅시다.

아랍어	독음	뜻
بَنْطَلُونٌ	[반딸루:눈]	바지
بِكَمْ	[비캄]	얼마
خَمْسُونَ	[캄쑤:나]	50
دِينَارٌ	[디:나:룬]	디나르
سِعْرٌ	[씨으룬]	가격
غَالٍ	[갈:린]	비싼
مَعْقُولٌ	[마으꿀:룬]	적당한, 합당한

마무리 퀴즈 주어진 한국어 뜻과 발음을 참고하여 오늘 배운 아랍어 문장을 써 보세요.

1. 이것은 얼마인가요? [비캄 하:다:]

______________________________ ←

2. 50디나르입니다. [비캄씨:나 디:나:란]

______________________________ ←

3. 이것은 마음에 듭니다. [유으쥐부니: 하:다:]

______________________________ ←

4. 가격이 너무 비쌉니다. [앗씨으루 갈:린 쥗단]

______________________________ ←

정답

1. بِكَمْ هَذَا؟
2. بِخَمْسِينَ دِينَارًا.
3. يُعْجِبُنِي هَذَا.
4. اَلسِّعْرُ غَالٍ جِدًّا.

본 강의 19

مُكَالَمَةٌ | 통화

[무칼:라마툰]

Track 19

➡ 오늘의 대화에서 꼭 알아야 할 목표 문장을 체크해 보세요.

آلُو. مَنْ يَتَكَلَّمُ؟	لَحْظَةً، لَوْ سَمَحْتَ.
[알:루:. 만 야타칼라무] 여보세요. 누구신가요?	[라흐돠탄, 라우 싸마흐타] 잠시만 기다려 주세요.

대화 살펴보기 라일라와 카림의 대화를 살펴보세요.

라일라

آلُو.

[알:루:]

여보세요.

카림

آلُو، هَلِ السَّيِّدُ مُحَمَّدٌ فِي الْمَكْتَبِ؟

[알:루: 할릸 싸이:두 무함마둔 필: 마크타비]

여보세요. 무함마드 씨 사무실에 계신가요?

라일라

نَعَمْ، هُوَ فِي الْمَكْتَبِ. مَنْ يَتَكَلَّمُ؟

[나암, 후와 필: 마크타비. 만 야타칼라무]

네, 사무실에 계십니다. 누구신가요?

카림

يَتَكَلَّمُ كَرِيمٌ مِنْ شَرِكَةِ شِي وَانْ.

[야타칼라무 카리:문 민 샤리카티 쉬: 완:]

시원 회사의 카림입니다.

라일라	لَحْظَةً، لَوْ سَمَحْتَ. [라흐돠탄, 라우 싸마흐타] 잠시만 기다려 주세요.

대화 파헤치기 대화 속에 들어있는 핵심 문법 사항을 쉽고, 가볍게 정리해 보세요.

1 ~가 있나요? / ~가 ~에 있나요?

هَلْ 사람 مَوْجُودٌ؟

[할 (사람) 마우주:둔]

~가 있나요?

* مَوْجُودٌ [마우주:둔] 있는, 존재하는

هَلْ 사람 فِي ...؟

[할 (사람) 피: …]

~가 ~에 있나요?

2 네, ~는 있습니다. / 아니오, ~는 ~에 없습니다.

نَعَمْ، 사람 مَوْجُودَةٌ.

[나암, (사람) 마우주:다탄]

네, ~는 있습니다.

لاَ، لَيْسَتْ 사람 فِي ....

[라:, 라이싸트 (사람) 피: …]

아니요, ~는 ~에 없습니다.

패턴으로 연습하기 오늘의 주제와 관련된 다양한 문장을 익혀 보세요.

전화 상태를 표현할 때

اَلْخَطُّ مَشْغُولٌ اَلْآنَ.

[알칻뚜 마슈굴:룬 알아:나]

지금은 통화 중입니다.

هُوَ غَيْرُ مَوجُودٍ.

[후와 가이루 마우주:딘]

부재중입니다.

기다리라고 말할 때

دَقِيقَةٌ وَاحِدَةٌ.

[다끼:까탄 와:히다탄]

잠시만요(1분만요).

اِنْتَظِرْ (اِنْتَظِرِي) قَلِيلًا.

[인타디르(인타디리:) 깔릴:란]

조금만 기다리세요.

소개할 때

أَنَا صَدِيقٌ لِخَالِدٍ.

[아나: 솨디:꾼 리칼:리딘]

저는 칼리드의 친구입니다.

يَتَكَلَّمُ كَرِيمٌ صَدِيقُ خَالِدٍ.

[야타칼라무 카리:문 쏴디:꾸 칼:리딘]

저는 칼리드의 친구 카림입니다.

통화 대상을 찾을 때

أُرِيدُ أَنْ أَتَكَلَّمَ سُومِي.

[우리:두 안 아타칼라마 쑤:미:]

저는 수미와 통화하고 싶어요.

هَلْ يُمْكِنُنِي أَنْ أَتَكَلَّمَ مَعَ مُدِيرِ حَسَنٍ؟

[할 윰키누니: 안 아타칼라마 마아 무디:리 하싸닌]

제가 하싼 사장님과 통화할 수 있나요?

찾는 사람이 부재중일 때

اِتَّصِلْ بَعْدَ قَلِيلٍ.

[읻타씰 바으다 깔릴:린]

잠시 후에 전화해 주세요.

اِتَّصِلِي مَرَّةً أُخْرَى.

[읻타씰리: 마ㄹ라탄 우크라:]

다시 한번 전화해 주세요.

단어 정리하기 오늘 배운 대화 속 단어들을 정리해 봅시다.

아랍어	독음	뜻
آلُو	[알:루:]	여보세요
سَيِّدٌ	[싸이:둔]	~ 씨, ~ 님
مَكْتَبٌ	[마크타분]	사무실
مَنْ	[만]	누구
يَتَكَلَّمُ	[야타칼라무]	(3인칭 현재 남성) 그는 말한다
لَحْظَةً	[라흐돠탄]	잠시만요
لَوْ سَمَحْتَ	[라우 싸마흐타]	실례합니다(남)

마무리 퀴즈 주어진 한국어 뜻과 발음을 참고하여 오늘 배운 아랍어 문장을 써 보세요.

1. 여보세요. 누구신가요 ? [알:루:. 만 야타칼라무]

____

2. 잠시만 기다려주세요. [라흐돠탄, 라우 싸마흐타]

____

정답

1. آلُو . مَنْ يَتَكَلَّمُ؟

2. لَحْظَةً، لَوْ سَمَحْتَ .

본 강의 20

مُسْتَشْفًى | 병원

Track 20

[무쓰타쉬판:]

오늘의 대화에서 꼭 알아야 할 목표 문장을 체크해 보세요.

سَتَتَحَسَّنُ، إِنْ شَاءَ اللهُ.	أَنَا مَرِيضٌ.
[싸타타핬싸누, 인 샤:알라후] 당신은 괜찮아질 거예요. 신의 뜻에 따라.	[아나: 마리:둔] 저는 아픕니다.

대화 살펴보기

라일라와 카림의 대화를 살펴보세요.

라일라

مَرْحَبًا. مَاذَا بِكَ؟

[마르하반. 마:다: 비카]

안녕하세요. 어디가 아프세요?

카림

أَنَا مَرِيضٌ. أَشْعُرُ بِأَلَمٍ فِي بَطْنِي.

[아나: 마리:둔. 아슈우루 비알라민 피: 바뜨니:]

제 배에 통증이 있습니다.

라일라

هَلْ عِنْدَكَ صُدَاعٌ أَيْضًا؟

[할 인다카 쑤다:운 아이단]

당신은 두통도 있나요?

카림

نَعَمْ، عِنْدِي صُدَاعٌ وَحُمَّى أَيْضًا.

[나암, 인디: 쑤다:운 와훔마: 아이단]

네, 저는 두통이 있고 열도 있어요.

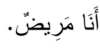

تَفَضَّلْ وَصْفَةَ الْعِلَاجِ. سَتَتَحَسَّنُ، إِنْ شَاءَ اللهُ. [타팓달 와쓰파탈 일라:쥐. 싸타타핬싸누, 인샤:알라후] 여기 처방전 받으세요. 당신은 괜찮아질 거예요. 신의 뜻에 따라.	라일라

대화 파헤치기 대화 속에 들어있는 핵심 문법 사항을 쉽고, 가볍게 정리해 보세요.

1 전치사 بِـ 의 용법

아랍어 문장에서 بِـ 로 물어보면 대답도 بِـ 로 해야 하며, 장소를 나타내는 '~에', 도구나 수단을 나타내는 '~로' 그리고 '~와 함께'라는 뜻을 지닙니다. 여기에서는 '~로'의 의미로 사용되었습니다.

مَاذَا بِكَ؟ 어디가 아프세요? [마:다: **비**카]
أَشْعُرُ بِأَلَمٍ فِي بَطْنِي. 제 배에 통증을 느낍니다. [아슈우루 **비**알라민 피: 바뜨니:]
بِكَمْ هَذَا؟ 이것은 얼마입니까? [**비**캄 하:다:]
هَذَا بِخَمْسَةِ دَنَانِيرَ. 이것은 5디나르입니다. [하:다: **비**캄싸티 다나:니:라]

패턴으로 연습하기 오늘의 주제와 관련된 다양한 문장을 익혀 보세요.

~에 통증이 있나요 ?

هَلْ تَشْعُرُ بِأَلَمٍ فِي **عَيْنِكَ؟**

[할 타슈우루 비알라민 피: 아이니카]

당신(남)의 눈에 **통증이 있나요?**

هَلْ تَشْعُرُ بِأَلَمٍ فِي **يَدِكَ؟**

[할 타슈우루 비알라민 피: 야디카]

당신(남)의 손에 **통증이 있나요?**

هَلْ تَشْعُرِينَ بِأَلَمٍ فِي **أَنْفِكِ؟**

[할 타슈우리:나 비알라민 피: 안피키]

당신(여)의 코에 **통증이 있나요?**

هَلْ تَشْعُرِينَ بِأَلَمٍ فِي **رِجْلِكِ؟**

[할 타슈우리:나 비알라민 피: 리즐리키]

당신(여)의 다리에 **통증이 있나요?**

~에 통증을 느낍니다

أَشْعُرُ بِأَلَمٍ فِي **فَمِي.**

[아슈우루 비알라민 피: 파미:]

제 입에 **통증을 느낍니다.**

أَشْعُرُ بِأَلَمٍ فِي **قَدَمِي.**

[아슈우루 비알라민 피: 까다미:]

제 발에 **통증을 느낍니다.**

أَشْعُرُ بِأَلَمٍ فِي قَلْبِي.

[아슈우루 비알라민 피: 깔비:]

제 심장에 통증을 느낍니다.

أَشْعُرُ بِأَلَمٍ فِي أُذُنِي.

[아슈우루 비알라민 피: 우두니:]

제 귀에 통증을 느낍니다.

신체 부위

몸, 신체	جِسْمٌ [쥐쓰문]	머리	رَأْسٌ [라으쑨]
입	فَمٌ [파문]	배	بَطْنٌ [바뜨눈]
손	يَدٌ [야둔]	다리	رِجْلٌ [리즐룬]
얼굴	وَجْهٌ [와즈훈]	발	قَدَمٌ [까다문]
심장	قَلْبٌ [깔분]	눈	عَيْنٌ [아이눈]
귀	أُذُنٌ [우두눈]	코	أَنْفٌ [안푼]

단어 정리하기 오늘 배운 대화 속 단어들을 정리해 봅시다.

아랍어	독음	뜻
مَرْحَبًا	[마르하반]	안녕하세요
أَشْعُرُ بِـ -	[아슈우루 비]	(1인칭 현재 단수) 나는 느낀다
أَلَمٌ	[알라문]	통증, 고통
بَطْنٌ	[바뜨눈]	배
صُدَاعٌ	[쑤다:운]	두통
حُمَّى	[훔마:]	열
تَفَضَّلْ	[타팓될]	여기 있습니다(남)
وَصْفَةُ الْعِلَاجِ	[와쓰파툴 일라:쥐]	처방전

마무리 퀴즈 주어진 한국어 뜻과 발음을 참고하여 오늘 배운 아랍어 문장을 써 보세요.

1. 저는 아픕니다. [아나: 마리:둔]

______________________ ←

2. 당신은 괜찮아질 거예요. 신의 뜻에 따라. [싸타타핬싸누, 인 샤:알라후]

______________________ ←

3. 어디가 아프세요? [마:다: 비카]

______________________ ←

4. 여기 처방전 받으세요. [타팓돨 와쓰파탈 일라:쥐]

______________________ ←

정답

1. أَنَا مَرِيضٌ.
2. سَتَتَحَسَّنُ، إِنْ شَاءَ اللهُ.
3. مَاذَا بِكَ؟
4. تَفَضَّلْ وَصْفَةَ الْعِلَاجِ.

본 강의 21

فُنْدُقٌ | 호텔

Track 21

[푼두꾼]

➡ 오늘의 대화에서 꼭 알아야 할 목표 문장을 체크해 보세요.

أُرِيدُ غُرْفَةً هَادِئَةً.	أَيَّ نَوْعٍ مِنَ الْغُرَفِ تُرِيدُ؟
[우리:두 구르파탄 하:디아탄] 조용한 방으로 주세요.	[아이야 나우인 미날 구라피 투리:두] 어떤 종류의 방을 원하십니까?

대화 살펴보기 라일라와 카림의 대화를 살펴보세요.

라일라 أَهْلًا وَسَهْلًا فِي فُنْدُقِ "اَلْبَتْرَاءُ".

[아흘란 와싸흘란 피: 푼두끼 '알바트라:우']
페트라 호텔에 오신 것을 환영합니다.

카림 أُرِيدُ أَنْ أَحْجِزَ غُرْفَةً.

[우리:두 안 아흐쥐자 구르파탄]
방을 예약하려고 합니다.

라일라 أَيَّ نَوْعٍ مِنَ الْغُرَفِ تُرِيدُ؟

[아이야 나우인 미날 구라피 투리:두]
어떤 종류의 방을 원하십니까?

카림 أُرِيدُ غُرْفَةً هَادِئَةً.

[우리:두 구르파탄 하:디아탄]
조용한 방을 원합니다.

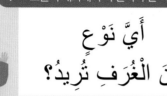

라일라	كَمْ يَوْمًا سَتُقِيمُ؟ [캄 야우만 싸투끼:무] 며칠을 머무실 건가요?
카림	سَأُقِيمُ يَوْمَيْنِ. [싸우끼:무 야우마이니] 이틀 동안 머물 예정입니다.
라일라	تَفَضَّلْ. [타팓돨] 여기있습니다.

대화 파헤치기 대화 속에 들어있는 핵심 문법 사항을 쉽고, 가볍게 정리해 보세요.

1 의문사 كَمْ [캄] 용법

'얼마나?'를 뜻하는 의문사 كَمْ 은 뒤에 명사가 오면 의문구를 이룹니다. 이때 뒤에 오는 명사가 수량과 기간을 나타낼 때에는 '비한정, 단수, 목적격'을, 시각과 값을 나타낼 때에는 '한정, 단수, 주격'을 취해야 합니다.

1) 의문사 كَمْ + 비한정 명사의 단수 목적격(수량, 기간 표현)

كَمْ شَخْصًا ذَهَبَ إِلَى الْفُنْدُقِ؟ [캄 샤크싼 다하바 일랄: 푼두끼] 몇 명의 사람이 호텔로 갔나요?
كَمْ يَوْمًا سَتُقِيمُ؟ [캄 야우만 싸투끼:무] 며칠을 머무르실 겁니까?

2) 의문사 كَمْ + 한정 명사의 단수 주격 (시각, 값 표현)

كَمِ السَّاعَةُ الْآنَ؟ [카밋 싸:아툴 아:나] 지금 몇 시예요?
كَمْ أُجْرَةُ الْغُرْفَةِ؟ [캄 우즈라툴 구르파티] (그) 방은 얼마인가요?

패턴으로 연습하기 오늘의 주제와 관련된 다양한 문장을 익혀 보세요.

방 컨디션 요청하기

أُرِيدُ غُرْفَةً عُلْوِيَّةً.

[우리:두 구르파탄 울위:야탄]

위층에 있는 방을 **원합니다**.

أُرِيدُ غُرْفَةً تُطِلُّ عَلَى مَنْظَرٍ جَمِيلٍ.

[우리:두 구르파탄 투띨루 알라: 만돠린 좌밀:린]

전망 좋은 방을 **원합니다**.

أُرِيدُ غُرْفَةً لِشَخْصٍ وَاحِدٍ.

[우리:두 구르파탄 리샤크씬 와:히딘]

싱글룸 하나를 **원합니다**.

أُرِيدُ غُرْفَةً ذَاتِ سَرِيرَيْنِ.

[우리:두 구르파탄 다:티 싸리:라이니]

더블 침대 방을 **원합니다**.

옵션 문의하기

أُرِيدُ غُرْفَةً أُخْرَى.

[우리: 두 구르파탄 우크라:]

다른 방으로 바꿀 수 있나요?

هَلْ يُمْكِنُنِي أَنْ أُقِيمَ أَكْثَرَ مِنْ يَوْمٍ؟

[할 윰키누니: 안 우끼:마 아크싸라 민 야우민]

하루 더 묵는 게 가능한가요?

هَلْ يُمْكِنُنِي تَغْيِيرُ الْحَجْزِ؟

[할 윰키누니: 타그이:룰 하즈지]

예약 변경이 가능한가요?

هَلْ هَذَا السِّعْرُ يَشْمَلُ الْفُطُورَ؟

[할 하:닸: 씨으루 야슈말룰 푸뚜:라]

아침 식사가 포함되어 있나요?

단어 정리하기 오늘 배운 대화 속 단어들을 정리해 봅시다.

아랍어	독음	뜻
فُنْدُقٌ	[푼두꾼]	호텔
أَحْجِزُ	[아흐지주]	(1인칭 현재 단수) 나는 예약한다
غُرْفَةٌ / غُرَفٌ	[구라푼 / 구르파툰]	방들 / 방
نَوْعٌ	[나우운]	종류

هَادِئَةٌ	[하:디아툰]	조용한
يَوْمٌ	[야우문]	날, 일
أُقِيمُ	[우끼:무]	(1인칭 현재 단수) 나는 머무른다
يَوْمَيْنِ	[야우마이니]	이틀

마무리 퀴즈 주어진 한국어 뜻과 발음을 참고하여 오늘 배운 아랍어 문장을 써 보세요.

1. 어떤 종류의 방을 원하십니까? [아이야 나우인 미날 구라피 투리:두]

______________________________ ←

2. 조용한 방을 원합니다. [우리:두 구르파탄 하:디아탄]

______________________________ ←

정답

1. أَيَّ نَوْعٍ مِنَ الْغُرَفِ تُرِيدُ؟

2. أُرِيدُ غُرْفَةً هَادِئَةً.

본 강의 22

مَطْعَمٌ | 식당

[마뜨아문]

Track 22

→ 오늘의 대화에서 꼭 알아야 할 목표 문장을 체크해 보세요.

مَاذَا تُرِيدُ؟	أُرِيدُ كَبَابًا وَشُرْبَةً
[마:다: 투리:두] 당신은 무엇을 원하십니까?	[우리:두 카바:반 와슈르바탄] 저는 케밥과 스프를 원합니다.

대화 살펴보기

라일라와 카림의 대화를 살펴보세요.

라일라

أَهْلًا وَسَهْلًا. مَاذَا تُرِيدُ؟

[아흘란 와싸흘란. 마:다: 투리:두]

환영합니다. 무엇을 드릴까요?

카림

أُرِيدُ كَبَابًا وَشُرْبَةً.

[우리:두 카바:반 와슈르바탄]

케밥과 스프 주세요.

라일라

مَاذَا تَشْرَبُ بَعْدَ الطَّعَامِ؟

[마:다: 타슈라부 바으닫 따아:미]

후식 음료는 무엇으로 하시겠어요?

카림

أَشْرَبُ قَهْوَةً.

[아슈라부 까흐와탄]

커피 주세요.

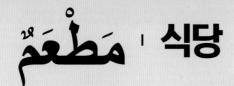

라일라

اِنْتَظِرْ قَلِيلًا.

[인타디르 깔릴:란]

잠시만 기다려 주세요.

대화 파헤치기

대화 속에 들어있는 핵심 문법 사항을 쉽고, 가볍게 정리해 보세요.

1 부사 만들기

아랍어 형용사를 비한정 목적격으로 만들면 부사가 됩니다.

형용사		부사	형용사		부사
كَثِيرٌ [카씨:룬] 많은	➡	كَثِيرًا [카씨:란] 많이	قَلِيلٌ [깔릴:룬] 적은	➡	قَلِيلًا [깔릴:란] 조금만

패턴으로 연습하기

오늘의 주제와 관련된 다양한 문장을 익혀 보세요.

음료 마시기

تَشْرَبُ شَايًا.

[타슈라부 샤:얀]

당신(남)은 차를 마신다.

تَشْرَبِينَ حَلِيبًا.

[타슈라비:나 할리:반]

당신(여)은 우유를 마신다.

أَشْرَبُ مَاءً.

[**아슈라부** 마:안]

저는 물을 **마십니다**.

يَشْرَبُ عَصِيرَ بُرْتُقَالٍ.

[**야슈라부** 아씨:라 부르투깔:린]

그는 오렌지주스를 **마십니다**.

تَشْرَبُ عَصِيرَ لَيْمُونَةٍ.

[**타슈라부** 아씨:라 라이무:나틴]

그녀는 레몬주스를 **마십니다**.

맛 표현하기

هَذَا الطَّعَامُ لَذِيذٌ.

[하:단: 똬아:물 라디:둔]

이 음식 맛있다.

هَذَا حَلْوٌ كَثِيرًا.

[하:다: 할운 카씨:란]

이것은 너무 달다.

هَذَا مَلِيحٌ كَثِيرًا.

[하:다: 말리:훈 카씨:란]

이것은 너무 짜다.

계산하기

أُرِيدُ الْفَاتُورَةَ.

[우리:둘 파:투:라타]

계산서 부탁합니다.

كَمْ أَدْفَعُ؟

[캄 아드파우]

얼마 나왔나요?

단어 정리하기 오늘 배운 대화 속 단어들을 정리해 봅시다.

아랍어	독음	뜻
كَبَابٌ	[카바:분]	케밥
شُرْبَةٌ	[슈르바툰]	스프
تَشْرَبُ	[타슈라부]	(2인칭 현재 남성) 당신은 마신다
قَهْوَةٌ	[까흐와툰]	커피
اِنْتَظِرْ	[인타디르]	기다리세요(남)
قَلِيلًا	[깔릴:란]	조금

마무리 퀴즈

주어진 한국어 뜻과 발음을 참고하여 오늘 배운 아랍어 문장을 써 보세요.

1. 당신은 무엇을 원하십니까? [마:다: 투리:두]

______________________________ ←

2. 저는 케밥과 스프를 원합니다. [우리:두 카바:반 와슈르바탄]

______________________________ ←

3. 커피 주세요. [아슈라부 까흐와탄]

______________________________ ←

4. 잠시만 기다려 주세요. [인타디르 깔릴:란]

______________________________ ←

정답

1. مَاذَا تُرِيدُ؟
2. أُرِيدُ كَبَابًا وَشُرْبَةً.
3. أَشْرَبُ قَهْوَةً.
4. اِنْتَظِرْ قَلِيلًا.

본 강의 23

Track 23

مُوَاصَلَاتٌ عَامَّةٌ

[무와:쏼라:툰 암:마툰]

대중교통

오늘의 대화에서 꼭 알아야 할 목표 문장을 체크해 보세요.

اِرْكَبِي الْأُتُوبِيسَ مِنْ هُنَا.	كَيْفَ أَذْهَبُ إِلَى مَتْحَفٍ وَطَنِيٍّ؟
[이르카빌: 우:투:비:싸 민 후나:] 여기에서 버스를 타세요.	[카이파 아드하부 일라: 마트하핀 와따니:인] 국립 박물관에 어떻게 가나요?

대화 살펴보기 라일라와 카림의 대화를 살펴보세요.

라일라

لَوْ سَمَحْتَ،

كَيْفَ أَذْهَبُ إِلَى مَتْحَفٍ وَطَنِيٍّ؟

[라우 싸마흐타, 카이파 아드하부 일라: 마트하핀 와따니:인]

실례합니다, 국립 박물관에 어떻게 가야 하나요?

카림

اِرْكَبِي الْأُتُوبِيسَ مِنْ هُنَا.

وَانْزِلِي فِي مَحَطَّةِ مَتْحَفٍ وَطَنِيٍّ.

[이르카빌: 우:투:비:싸 민 후나:

완질리: 피: 마할따티 마트하핀 와따니:인]

여기에서 버스를 타시고, 국립 박물관 역에서 내리세요.

라일라	كَمْ تَسْتَغْرِقُ إِلَى هُنَاكَ؟ [캄 타쓰타그리꾸 일라: 후나:카] 거기까지 얼마나 걸리나요?
카림	تَسْتَغْرِقُ ثُلْثُ سَاعَةٍ تَقْرِيبًا. [타쓰타그리꾸 쑬쑤 싸:아틴 타끄리:반] 대략 20분 정도 걸립니다.
라일라	شُكْرًا. [슈크란] 감사합니다.
카림	عَفْوًا. [아프완] 별말씀을요.

대화 파헤치기 대화 속에 들어있는 핵심 문법 사항을 쉽고, 가볍게 정리해 보세요.

1 명령형 동사 만들기

아랍어 동사는 동작의 완료 여부에 따라 완료형(과거 동사)과 미완료형(현재 동사, 미래 동사)으로 나뉩니다. 기본 동사의 명령형을 만들기 위해서는 2인칭 현재 동사의 인칭을 표현하는 첫 번째 자음을 알리프로 바꾸고, 마지막 모음을 수쿤으로 바꾸면 됩니다. 변화시키는 순서는 다음과 같습니다.

① 동사의 첫 번째 자음을 أ 또는 إ 로 변경

② 남성형은 마지막 모음을 수쿤으로 만들고, 여성형은 마지막 자음 نْ 을 탈락

✔ **명령형 예시**

의미	현재 동사	특징 모음	명령형(남성)	명령형(여성)
가다	تَذْهَبُ [타드하부]	ـَ	اِذْهَبْ [이드합]	اِذْهَبِي [이드하비:]
타다	تَرْكَبُ [타르카부]	ـَ	اِرْكَبْ [이르캅]	اِرْكَبِي [이르카비:]
내리다	تَنْزِلُ [탄질루]	ـِ	اِنْزِلْ [인질]	اِنْزِلِي [인질리:]
공부하다	تَدْرُسُ [타드루쑤]	ـُ	اُدْرُسْ [우드루쓰]	اُدْرُسِي [우드루씨:]

패턴으로 연습하기 오늘의 주제와 관련된 다양한 문장을 익혀 보세요.

어디에 있나요?

أَيْنَ السُّوقُ الشَّعْبِيُّ؟

[아이낫 쑤:꿋 샤으비:유]

재래시장이 어디에 있나요?

أَيْنَ الْمَكْتَبُ السِّيَاحِيُّ؟

[아이날 마크타붓 씨야:히:유]

관광 안내소가 어디에 있나요?

أَيْنَ أَكْبَرُ مَحَلٍّ لِلتَّسَوُّقِ؟

[아이나 아크바루 마할린 릳타싸우:끼]

가장 큰 쇼핑몰이 어디에 있나요?

얼마나 걸리나요?

كَمْ تَسْتَغْرِقُ الذَّهَابُ عَلَى الْقَدَمِ؟

[캄 타쓰타그리꾼 다하:부 알랄: 까다미]

걸어서 **얼마나 걸리나요?**

كَمْ يَسْتَغْرِقُ الْوُصُولُ إِلَى الْمَحَطَّةِ؟

[캄 야쓰타그리꿀 우술:루 일랄: 마한똬티]

역까지 **얼마나 걸리나요?**

언제인가요?

فِي أَيِّ سَاعَةٍ سَتُغَادِرُ؟

[피: 아이이 싸:아틴 싸투가:디루]

출발 시간이 **언제인가요?**

فِي أَيِّ سَاعَةِ الْوُصُولِ؟

[피: 아이이 싸:아틸 우술:리]

도착 시간이 **언제인가요?**

얼마나 걸리나요?

كَمْ سَاعَةٍ تَسْتَغْرِقُ الرِّحْلَةُ بِالطَّائِرَةِ؟

[캄 싸:아틴 타쓰타그리꿀 리흘라투 빋똬:이라티]

비행 시간은 **얼마나 걸리나요?**

كَمْ سَاعَةٍ تَسْتَغْرِقُ الرِّحْلَةُ بِالْمِتْرُو؟

[캄 싸:아틴 타쓰타그리꿀 리흘라투 빌미트루:]

열차로 **얼마나 걸리나요?**

كَمْ سَاعَةٍ تَسْتَغْرِقُ الرِّحْلَةُ بِالسَّيَّارَةِ؟

[캄 싸:아틴 타쓰타그리꿀 리흘라투 빘싸이야:라티]

자동차로 얼마나 걸리나요?

كَمْ سَاعَةٍ تَسْتَغْرِقُ الرِّحْلَةُ بِالتَّاكْسِي؟

[캄 싸:아틴 타쓰타그리꿀 리흘라투 빝타:크씨:]

택시로 얼마나 걸리나요?

단어 정리하기 오늘 배운 대화 속 단어들을 정리해 봅시다.

아랍어	독음	뜻
لَوْ سَمَحْتَ	[라우 싸마흐타]	실례합니다(남)
مَتْحَفٌ وَطَنِيٌّ	[마트하푼 와따니:윤]	국립 박물관
اِرْكَبِي	[이르카비:]	타세요(여)
أُوتُوبِيس	[우:투:비:쓰]	버스
اِنْزِلِي	[인질리:]	내리세요(여)
مَحَطَّةٌ	[마핟따툰]	역
تَسْتَغْرِقُ	[타쓰타그리꾸]	(3인칭 여성 단수) (시간이) 걸리다
ثُلْثُ سَاعَةٍ	[쑬쑤 싸:아틴]	20분
تَقْرِيبًا	[타끄리:반]	대략

마무리 퀴즈 주어진 한국어 뜻과 발음을 참고하여 오늘 배운 아랍어 문장을 써 보세요.

1. 국립 박물관에 어떻게 가나요? [카이파 아드하부 일라: 마트하핀 와따니:인]

___________________________________ ←

2. 여기에서 버스를 타세요. [이르카빌: 우:투:비:싸 민 후나:]

___________________________________ ←

3. 거기까지 얼마나 걸리나요? [캄 타쓰타그리꾸 일라: 후나:카]

___________________________________ ←

4. 대략 20분 정도 걸립니다. [타쓰타그리꾸 쑬쑤 싸:아틴 타끄리:반]

___________________________________ ←

정답

1. كَيْفَ أَذْهَبُ إِلَى مَتْحَفٍ وَطَنِيٍّ؟
2. اِرْكَبِي الْأُتُوبِيسَ مِنْ هُنَا.
3. كَمْ تَسْتَغْرِقُ إِلَى هُنَاكَ؟
4. تَسْتَغْرِقُ ثُلْثُ سَاعَةٍ تَقْرِيبًا.

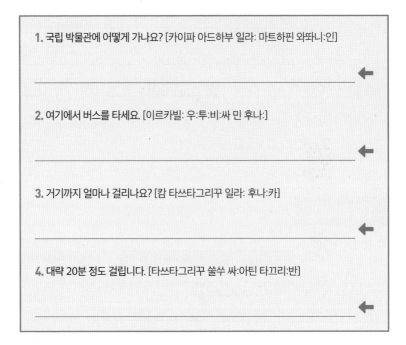

Track 24

본 강의 24

عِيدُ مِيلَادٍ | 생일

[이:두 밀:라:딘]

→ 오늘의 대화에서 꼭 알아야 할 목표 문장을 체크해 보세요.

عِيدُ مِيلَادِكَ سَعِيدٌ!	أَهْلًا وَسَهْلًا فِي بَيْتِي.
[이:두 밀:라:디카 싸이:둔] 생일 축하합니다!	[아흘란 와싸흘란 피: 바이티:] 저희 집에 오신 것을 환영합니다.

대화 살펴보기 라일라와 카림의 대화를 살펴보세요.

라일라

أَهْلًا وَسَهْلًا فِي بَيْتِي.

[아흘란 와싸흘란 피: 바이티:]

저희 집에 오신 것을 환영합니다.

카림

أَشْكُرُكِ عَلَى الدَّعْوَةِ لِحَفْلَةِ عِيدِ مِيلَادِكِ.

عِيدُ مِيلَادِكِ سَعِيدٌ!

وَكُلُّ عَامٍ وَأَنْتُمْ بِخَيْرٍ.

[아슈쿠루키 알랄: 다으와티 리 하플라티 이:디 밀:라:디키.
이:두 밀:라:디키 싸이:둔!
와쿨루 아:민 와안툼 비카이린]

당신의 생일 파티에 초대해 주셔서 감사합니다.
생일 축하해요! 매년 잘 지냈으면 좋겠어요.

라일라

شُكْرًا.

[슈크란]

감사합니다.

카림	خُذِي هَدِيَّتِي. [쿠디: 하디:야티:] 제 선물을 받으세요.
라일라	شُكْرًا عَلَى هَدِيَّتِكَ. [슈크란 알라: 하디:야티카] 선물을 주셔서 감사합니다.
카림	عَفْوًا. [아프완] 별말씀을요.

대화 파헤치기 대화 속에 들어있는 핵심 문법 사항을 쉽고, 가볍게 정리해 보세요.

1 지시대명사 كُلّ [쿨루]

كُلّ 는 대개 연결형의 제1연결어(첫 번째에 위치한 명사)로 사용되며 '각각의(매), 전체의, 모든'이라는 의미를 갖고 있습니다. كُلّ 가 연결형의 제1연결어로 쓰일 때에는, 제2연결어(두 번째에 위치한 명사)의 형태에 따라 해석이 달라집니다.

① 매(every), 각(each)	←	비한정 단수 소유격		
② 온(whole), 모든(all)	←	한정 단수 소유격	+	كُلّ
③ 모든(all)	←	한정 복수 소유격		

* 여기에서 '연결형'은 2개 이상의 명사가 연결되어 '(제2연결어)의 (제1연결어)'라는 의미를 나타냄을 말한다.

✔ 비한정 단수 소유격 + كُلُّ : 매(every), 각(each)

예 كُلُّ طَالِبٍ 각각의 학생　　كُلُّ يَوْمٍ 매일 (every day)

أَدْرُسُ اللُّغَةَ الْعَرَبِيَّةَ كُلَّ يَوْمٍ.

[아드루쑬 루가탈 아라비:야타 쿨라 야우민]

나는 매일 아랍어를 공부한다.

✔ 한정 단수 소유격 + كُلُّ : 온(whole), 모든(all)

예 كُلُّ الْيَوْمِ 하루 종일　　كُلُّ العَالَمِ 온 세상

قَرَأَ كُلَّ النَّاسِ فِي الْمَسَاءِ أَمْسِ.

[까라아 쿨란 나:씨 필: 마싸:이 암씨]

그는 어제 저녁에 본문 전체를 읽었다.

✔ 한정 복수 소유격 + كُلُّ : 모든(all)

예 كُلُّ الطُّلَابِ 모든 학생

كُلُّ الْمَلَابِسِ فِي هَذَا الْمَحَلِّ جَمِيلَةٌ.

[쿨룰 말라:비씨 피: 하:달: 마할리 좌밀:라툰]

이 가게에 있는 모든 옷들은 아름답다.

패턴으로 연습하기 오늘의 주제와 관련된 다양한 문장을 익혀 보세요.

선물 주기

شُكْرًا عَلَى هَدِيَّتِكَ.

[슈크란 알라: 하디:야티카]

선물 감사합니다.

أَرْجُو أَنْ يُعْجِبَكَ هَذَا.

[아르주: 안 유으쥐바카 하:다:]

마음에 들었으면 좋겠네요.

أُعْطِيكَ إِيَّاهُ.

[아으띠:카 이:야:후]

당신에게 드리는 겁니다.

هَذَا رَمْزُ قَلْبِي.

[하:다: 람주 깔비:]

제 마음의 표시예요.

خُذْ هَدِيَّتِي.

[쿠드 하디:야티:]

선물 받으세요.

축하합니다

مَبْرُوكٌ عَلَى نَجَاحِكَ فِي الْاِمْتِحَانِ.

[마브루:쿤 알라: 나좌:히카 필: 임티하:니]

합격을 **축하합니다.**

مَبْرُوكٌ عَلَى تَخَرُّجِكَ مِنَ الْمَدْرَسَةِ.

[마브루:쿤 알라: 타카ㄹ루쥐카 미날 마드라싸티]

졸업을 **축하합니다.**

مَبْرُوكٌ عَلَى عِيدِ مِيلَادِكَ.

[마브루:쿤 알라: 이:디 밀:라:디카]

생일을 **축하합니다.**

مَبْرُوكٌ عَلَى زَوَاجِكَ.

[마브루:쿤 알라: 자와:지카]

결혼을 **축하합니다.**

مَبْرُوكٌ عَلَى حَمْلِكِ.

[마브루:쿤 알라: 하믈리키]

임신을 **축하합니다.**

단어 정리하기

오늘 배운 대화 속 단어들을 정리해 봅시다.

아랍어	독음	뜻
أَشْكُرُ عَلَى	[아슈쿠루 알라:]	(1인칭 현재 단수) 나는 ~에 감사한다
دَعْوَةٌ	[다으와툰]	초대
حَفْلَةٌ	[하플라툰]	파티
عِيدُ مِيلَادٍ	[이:두 밀:라:딘]	생일
عَامٌ	[아:문]	해, 년
خُذِي	[쿠디:]	받으세요(여)
هَدِيَّةٌ	[하디:야툰]	선물

마무리 퀴즈

주어진 한국어 뜻과 발음을 참고하여 오늘 배운 아랍어 문장을 써 보세요.

1. 저희 집에 오신 것을 환영합니다. [아흘란 와싸흘란 피: 바이티:]

______________________ ←

2. 생일 축하합니다. [이:두 밀:라:디카 싸이:둔]

______________________ ←

정답

1. أَهْلًا وَسَهْلًا فِي بَيْتِي.
2. عِيدُ مِيلَادِكَ سَعِيدٌ!

본 강의 25

عِيدٌ | 명절

[이:둔]

Track 25

오늘의 대화에서 꼭 알아야 할 목표 문장을 체크해 보세요.

كُلُّ عَامٍ وَأَنْتُمْ بِخَيْرٍ.	عِيدٌ مُبَارَكٌ.
[쿨루 아:민 와안툼 비카이린] 당신이 매년 잘 지내길 바랍니다.	[이:둔 무바:라쿤] 축복받은 명절 되시길 바랍니다.

대화 살펴보기 라일라와 카림의 대화를 살펴보세요.

라일라

يَا كَرِيمُ، مَا هُوَ عِيدُ الْفِطْرِ؟

[야: 카리:무, 마: 후와 이:둘 피뜨리]

카림, '이둘 피뜨르'가 무엇인가요?

카림

هُوَ عِيدٌ عَرَبِيٌّ.

هَذَا الْعِيدُ بَعْدَ شَهْرِ رَمَضَانَ.

[후와 이:둔 아라비:윤. 하:달: 이:두 바으다 샤흐리 라마다:나]

아랍 명절입니다. 라마단(이슬람력 9월) 후의 명절입니다.

라일라

مَاذَا تَفْعَلُ فِيهِ؟

[마:다: 타프알루 피:히]

라마단에 무엇을 하나요?

카림	لَا آكُلُ وَلَا أَشْرَبُ فِي النَّهَارِ. وَأُصَلِّي فِي الْمَسْجِدِ. [라: 아:쿨루 왈라: 아슈라부 핀: 나하:리. 와우쏼리: 필: 마쓰쥐디] 낮에는 먹지도 마시지도 않습니다. 또한 사원에서 기도를 합니다.
라일라	هَلْ يُوجَدُ عِيدٌ آخَرُ؟ [할 유:좌두 이:둔 아:카루] 다른 명절도 있나요?
카림	نَعَمْ. يَحْتَفِلُ مُسْلِمُونَ بِعِيدِ الْأَضْحَى. [나암. 야흐타필루 무쓸리무:나 비이:딜 아드하:] 네, 무슬림들은 '이둘 아드하'라는 명절도 기념합니다.
라일라	عِيدٌ مُبَارَكٌ. [이:둔 무바:라쿤] 축복받은 명절 되시길 바랍니다.
카림	كُلُّ عَامٍ وَأَنْتُمْ بِخَيْرٍ. [쿨루 아:민 와안툼 비카이린] 매년 잘 지내시길 바랍니다.

대화 파헤치기 대화 속에 들어있는 핵심 문법 사항을 쉽고, 가볍게 정리해 보세요.

1 '다른'의 두 가지 형태

آخَرُ	أُخْرَى
[아:카루]	[우크라:]
다른(남성형)	다른(여성형)

위에서 설명한 대로 '다른'을 나타내는 단어는 여성형을 나타내는 타 마르부타(ة)로 남녀의 성별을 표시하지 않고 آخَرُ(남성형), أُخْرَى (여성형)로 각각 단어가 따로 있습니다. 따라서 '다른'이 꾸며 주는 명사의 성별에 맞춰서 알맞은 단어를 선택하여 사용해야 합니다.

عِيدٌ آخَرُ	هِوَايَةٌ أُخْرَى
[이:둔 **아:카루**]	[히와 :야툰 **우크라:**]
명절(남성형 명사) + **다른(남성형)**	취미(여성형 명사) + **다른(여성형)**

패턴으로 연습하기 오늘의 주제와 관련된 다양한 문장을 익혀 보세요.

명절 인사하기

رَمَضَانُ كَرِيمٌ.

[라마돠:누 카리:문]

행복한 라마단 되세요.

عِيدٌ مُبَارَكٌ.

[이:둔 무바:라쿤]

축복받은 명절 되기를 바랍니다.

عِيدٌ سَعِيدٌ.

[이:둔 싸이:둔]

행복한 명절 보내십시오.

كُلُّ عَامٍ وَأَنْتُمْ بِخَيْرٍ.

[쿨루 아:민 와안툼 비카이린]

매년 당신들이 잘 지내길 바랍니다.

الله يُبَارِكُ فِيكَ.

[알라후 유바:리쿠 피:카]

신의 축복이 있기를 바랍니다.

덕담하기

بِالتَّوْفِيقِ.

[빝타우피:끼]

성공을 빕니다.

أَتَمَنَّى لَكَ حَظًّا مُوَفَّقًا.

[안타만나: 라카 핟돤 무왚파깐]

행운을 빕니다.

اَلصِّحَةُ وَالْعَافِيَةُ.

[앗씨하투 왈아:피야투]

건강하세요.

أَرْجُو أَنْ يَكُونَ كُلَّ شَيْءٍ عَلَى مَا يُرَامُ.

[아르주: 안 야쿠:나 쿨라 샤이인 알라: 마: 유라:무]

모든 일이 잘되기를 바랍니다.

연말 인사하기

أَتَمَنَّى أَنْ تكُونَ سَعِيدًا.

[아타만나: 안 타쿠:나 싸이:단]

행복하기를 빌겠습니다.

أَتَمَنَّى لَكَ رَأْسُ سَنَةٍ سَعِيدَةٍ.

[아타만나: 라카 라으수 싸나틴 싸이:다틴]

즐거운 연말연시 되세요.

كُلُّ سَنَةٍ وَأَنْتُمْ بِخَيْرٍ.

[쿨루 싸나틴 와안툼 비카이린]

새해 복 많이 받으세요.

عِيدُ مِيلَادٍ سَعِيدٌ.

[이:두 밀:라:딘 싸이:둔]

즐거운 크리스마스 되세요.

عِيدُ الْعُطْلَةِ السَّعِيدَةِ.

[이:둘 우뜰라팃 싸이:다티]

즐거운 명절 되세요.

단어 정리하기 오늘 배운 대화 속 단어들을 정리해 봅시다.

아랍어	독음	뜻
عِيدٌ	[이:둔]	명절
عِيدُ الْفِطْرِ	[이:둘 피뜨리]	단식 종료제

شَهْرُ رَمَضَانَ	[샤흐루 라마돠:나]	이슬람력 9월
آكُلُ	[아:쿨루]	(1인칭 현재 단수) 나는 먹는다
نَهَارٌ	[나하:룬]	낮
أُصَلِّي	[우쏼리:]	(1인칭 현재 단수) 나는 기도한다
مَسْجِدٌ	[마쓰쥐둔]	사원
يُوجَدُ	[유:좌두]	~이 있다
آخَرُ	[아:카루]	다른(남)
يَحْتَفِلُ	[야흐타필루]	(3인칭 현재 남성) 그는 기념하다, 축하하다
عِيدُ الْأَضْحَى	[이:둘 아드하:]	희생절
مُبَارَكٌ	[무바:라쿤]	축하합니다

마무리 퀴즈 주어진 한국어 뜻과 발음을 참고하여 오늘 배운 아랍어 문장을 써 보세요.

1. 축복받은 명절 되시길 바랍니다. [이:둔 무바:라쿤]

______________________ ←

2. 당신이 매년 잘 지내길 바랍니다. [쿨루 아:민 와안툼 비카이린]

______________________ ←

정답

1. عِيدٌ مُبَارَكٌ.
2. كُلُّ عَامٍ وَأَنْتُمْ بِخَيْرٍ.

رِحْلَةٌ | 여행

[리흘라툰]

오늘의 목표 문장

➡ 오늘의 대화에서 꼭 알아야 할 목표 문장을 체크해 보세요.

أَتَمَنَّى لَكَ رِحْلَةً سَعِيدَةً.	سَأُسَافِرُ إِلَى مِصْرَ مَعَ أُسْرَتِي.
[아타만나: 라카 리흘라탄 싸이:다탄] 좋은 여행 되시길 바랍니다.	[싸우싸:피루 일라: 미쓰라 마아 우쓰라티:] 저는 저의 가족과 함께 이집트로 여행할 예정입니다.

대화 살펴보기 라일라와 카림의 대화를 살펴보세요.

라일라

مَاذَا سَتَفْعَلُ فِي الْعُطْلَةِ الْقَادِمَةِ؟

[마:다: 싸타프알루 필: 우뜰라틸 까:디마티]

다음 방학에 무엇을 하실 예정인가요?

카림

سَأُسَافِرُ إِلَى مِصْرَ مَعَ أُسْرَتِي.

[싸우싸:피루 일라: 미쓰라 마아 우쓰라티:]

저의 가족과 함께 이집트로 여행할 예정입니다.

라일라

مَاذَا سَتَفْعَلُ فِيهِ؟

[마:다: 싸타프알루 피:히]

거기에서 무엇을 하실 건가요?

카림	فِي مِصْرَ كَثِيرٌ مِنَ الْأَمَاكِنِ السِّيَاحِيَّةِ الْمَشْهُورَةِ. سَأَزُورُ الْأَهْرَامَ وَأَبَا الْهَوْلِ وَالنِّيلَ وَالْمَتْحَفَ الْوَطَنِيَّ. [피: 미쓰라 카씨:룬 미날 아마:키닜 씨야:히:야틸 마슈후:라티. 싸아주:룰 아흐라:마 와아발: 하울리 완닐:라 왈마트하팔 와따니:야] 이집트에는 유명한 관광 명소들이 많이 있습니다. 저는 피라미드들과 스핑크스, 나일강 그리고 국립 박물관을 방문할 예정입니다.
라일라	رَائِعٌ! أَتَمَنَّى لَكَ رِحْلَةً سَعِيدَةً. [라:이운! 아타만나: 라카 리흘라탄 싸이:다탄] 멋집니다! 좋은 여행 되시길 바랍니다.
카림	شُكْرًا. [슈크란] 감사합니다.

대화 파헤치기 대화 속에 들어있는 핵심 문법 사항을 쉽고, 가볍게 정리해 보세요.

1 كَثِيرٌ مِنْ '많은 (수의) ~' 표현

كَثِيرٌ مِنْ + 한정, 복수, 소유격

예 많은 (수의) 남자 선생님들

كَثِيرٌ مِنَ الْمُدَرِّسِينَ

[**카씨:룬 미날** 무다ㄹ리씨:나]

많은 (수의) 여자 선생님들	كَثِيرٌ مِنَ الْمُدَرِّسَاتِ [**카씨:룬 미날** 무다ㄹ리싸:티]
많은 (수의) 학교	كَثِيرٌ مِنَ الْمَدَارِسِ [**카씨:룬 미날** 마다:리씨]
많은 외국인들이 남대문 시장에서 선물을 삽니다.	يَشْتَرِي كَثِيرٌ مِنَ الْأَجَانِبِ هَدَايَا مِنْ سُوقِ "نَام دَاي مُونْ". [야슈타리: **카씨:룬 미날** 아좌:니비 하다:야: 민 쑤:끼 "남대문"]

패턴으로 연습하기

오늘의 주제와 관련된 다양한 문장을 익혀 보세요.

덕담하기(여행)

أَتَمَنَّى لَكُمْ رِحْلَةً سَعِيدَةً.

[아타만나: 라쿰 리흘라탄 싸이:다탄]

행복한 여행 되세요.

أَتَمَنَّى لَكُمْ رِحْلَةً مُمْتِعَةً.

[아타만나: 라쿰 리흘라탄 뭄티아탄]

재미있는 여행 되시길 바랍니다.

관광지 위치 묻기

قُلْ لِي أَيْنَ فَاسُ.

[꿀 리: 아이나 파:쑤]

페스로 가는 길 좀 알려 주세요.

كَيْفَ أَذْهَبُ إِلَى بُرْجِ الْخَلِيفَةِ؟

[카이파 아드하부 일라: 부르질 칼리:파티]

부르즈 칼리파로 가려면 어디로 가야합니까?

أُرِيدُ أَنْ أَذْهَبَ إِلَى الْبِتْرَاءِ.

[우리:두 안 아드하바 일랄: 비트라:이]

페트라로 가려고 하는데요.

أَيْنَ سُوقُ وَاقِفٍ؟

[아이나 쑤:꾸 와:끼핀]

와끼프 시장은 어디있나요?

관광 정보 얻기

أَيْنَ الْمَكْتَبُ السِّيَاحِيُّ؟

[아이날 마크타븠 씨야:히:유]

관광 안내소가 어디에 있습니까?

هَلْ هُنَاكَ خَرِيطَةٌ سِيَاحِيَّةٌ بِاللُّغَةِ الْكُورِيَّةِ.

[할 후나:카 카리:따툰 씨야:히:야툰 빌루가틸 쿠:리:야티]

한국어로 된 지도가 있나요?

هَلْ يُمْكِنُنِي الْحُصُولُ عَلَى خَرِيطَةٍ سِيَاحِيَّةٍ؟

[할 윰키누닐: 후쑬:루 알라: 카리:따틴 씨야:히:야틴]

관광 지도 하나 얻을 수 있을까요?

هَلْ يُوجَدُ دَلِيلٌ سِيَاحِيٌّ؟

[할 유:좌두 달릴:룬 씨야:히:윤]

시내 안내 책자가 있습니까?

단어 정리하기 오늘 배운 대화 속 단어들을 정리해 봅시다.

아랍어	독음	뜻
عُطْلَةٌ	[우뜰라툰]	방학, 휴가
قَادِمَةٌ	[까:디마툰]	다가오는
أُسْرَةٌ	[우쓰라툰]	가족
كَثِيرٌ مِنْ	[카씨:룬 민]	많은 (수의) ~
اَلْأَمَاكِنُ السِّيَاحِيَّةُ	[알아마:키눗 씨야:히:야투]	관광지
مَشْهُورَةٌ	[마슈후:라툰]	유명한(여)
أَهْرَامٌ	[아흐라:문]	피라미드들
أَبُو الْهَوْلِ	[아불: 하울리]	스핑크스
اَلنِّيلُ	[안닐:루]	나일강
مَتْحَفٌ وَطَنِيٌّ	[마트하푼 와따니:윤]	국립 박물관
رَائِعٌ!	[라:이운]	멋지다!
رِحْلَةٌ	[리흘라툰]	여행

마무리 퀴즈 주어진 한국어 뜻과 발음을 참고하여 오늘 배운 아랍어 문장을 써 보세요.

1. 저는 저의 가족과 함께 이집트로 여행할 예정입니다.
   [싸우싸:피루 일라: 미쓰라 마아 우쓰라티:]

   ____________________ ←

2. 좋은 여행 되시길 바랍니다. [아타만나: 라카 리흘라탄 싸이:다탄]

   ____________________ ←

3. 거기에서 무엇을 하실 건가요? [마:다: 싸타프알루 피:히]

   ____________________ ←

4. 멋집니다! [라:이운!]

   ____________________ ←

정답

1. سَأُسَافِرُ إِلَى مِصْرَ مَعَ أُسْرَتِي.
2. أَتَمَنَّى لَكَ رِحْلَةً سَعِيدَةً.
3. مَاذَا سَتَفْعَلُ فِيهِ؟
4. رَائِعٌ!

본 강의
27 سِيَاحَةٌ | 관광

Track 27

[씨야:하툰]

➡ 오늘의 대화에서 꼭 알아야 할 목표 문장을 체크해 보세요.

مَا أَشْهَرُ الْأَمَاكِنِ السِّيَاحِيَّةِ فِي كُورِيَا؟	هُوَ "قَصْرُ كِيُونْغ بُوكْ".
[마: 아슈하룰 아마:키닜 씨야:히:야티 피: 쿠:리야:] 한국에서 가장 유명한 관광지는 어디인가요?	[후와 "까쓰루 경복"] 경복궁입니다.

대화 살펴보기 라일라와 카림의 대화를 살펴보세요.

라일라

لَوْ سَمَحْتَ، أُرِيدُ جَوْلَةٌ سِيَاحِيَّةٌ.

مَا أَشْهَرُ الْأَمَاكِنِ السِّيَاحِيَّةِ فِي كُورِيَا؟

[라우 싸마흐타, 우리:두 좌울라툰 씨야:히:야툰. 마: 아슈하룰 아마:키닜 씨야:히:야티 피: 쿠:리야:]

실례합니다. 관광을 하고 싶은데요.

한국에서 가장 유명한 관광지가 어디인가요?

카림

هَلْ أَنْتِ مُهْتَمَّةٌ بِالْمَبْنَى؟

[할 안티 무흐탐마툰 빌마브나:]

당신은 건축물에 관심이 있나요?

라일라

نَعَمْ، أَهْتَمُّ بِالْهَنْدَسَةِ الْمِعْمَارِيَّةِ

[나암, 아흐탐무 빌:한다싸틸 마으마:리:야티]

네, 저는 건축에 흥미가 있습니다.

مَا رَأْيُكِ فِي "قَصْرُ كِيُونْغ بُوكْ"؟ [마: 라으유키 피: "까쓰루 경복"] '경복궁'은 어떠신가요?	카림
مُمْتَازٌ ! شُكْرًا. [뭄타:준! 슈크란] 좋습니다! 감사합니다.	라일라

대화 파헤치기 대화 속에 들어있는 핵심 문법 사항을 쉽고, 가볍게 정리해 보세요.

1 사물의 복수 표현

사물의 복수형은 **여성 단수형 취급**합니다.

단수		복수	
اَلْبَلَدُ الْعَرَبِيُّ [알발라둘 아라비:유:]	그 아랍 국가	اَلْبِلَادُ الْعَرَبِيَّةُ [알발라둘 아라비:야:투]	그 아랍 국가들
الْمَكَانُ السِّيَاحِيُّ [알마카:늤 씨야:히:유]	(한) 관광지	الْأَمَاكِنُ السِّيَاحِيَّةُ [알아마:키늤 씨야:히:야투]	관광지들

패턴으로 연습하기 오늘의 주제와 관련된 다양한 문장을 익혀 보세요.

관광 정보 묻기

هَلْ يُوجَدُ الْأَمَاكِنُ يَزُورُهُ الْكُورِيُّونَ بِكَثْرَةٍ؟

[할 유:좌둘 아마:키누 야주:루훌 쿠:리:유:나 비카쓰라틴]

한국인이 자주 가는 장소가 있나요?

أَيْنَ وَسَطُ الْمَدِينَةِ؟

[아이나 와싸똘 마디:나티]

번화가가 어디입니까?

أَيْنَ أُشَاهِدُ الْمَنَاظِرَ الْجَمِيلَةَ؟

[아이나 우샤:히둘 마나:디랄 좌밀:라타]

경치 좋은 곳이 어디입니까?

أُرِيدُ أَنْ أَذْهَبَ إِلَى شَاطِئِ الْبَحْرِ.

[우리:두 안 아드하바 일라: 샤:띠일 바흐리]

해변에 가고 싶은데요.

أَيْنَ يُمْكِنُنِي أَنْ أُشَاهِدَهُ؟

[아이나 윰키누니: 안 우샤:히다후]

어디로 가면 볼 수 있죠?

أَيْنَ الْمَتْحَفُ؟

[아이날 마트하푸]

박물관이 어디에 있습니까?

관광지 위치 묻기

قُلْ لِي أَيْنَ غَانْغنَامْ؟

[꿀 리: 아이나 강:남:]

강남으로 가는 길 좀 알려 주세요.

كَيْفَ أَذْهَبُ إِلَى بُرْجِ نَامْ سَانْ؟

[카이파 아드하부 일라: 부르지 남산]

남산타워로 가려면 어디로 가야 합니까?

أُرِيدُ أَنْ أَذْهَبَ إِلَى جَزِيرَةِ جِيجُو.

[우리:두 안 아드하바 일라: 좌지:라티 지:주:]

제주도로 가고 싶습니다.

أَيْنَ سُوقُ دُونْغ دَايْ مُونْ؟

[아이나 쑤:꾸 동대문]

동대문 시장은 어디 있나요?

단어 정리하기 오늘 배운 대화 속 단어들을 정리해 봅시다.

아랍어	독음	뜻
جَوْلَةٌ سِيَاحِيَّةٌ	[좌울라툰 씨야:히:야툰]	관광
مُهْتَمٌّ بِـ	[무흐탐문 비]	~에 관심이 있는
مَبْنَى	[마브나:]	건물
أَهْتَمُّ بِـ	[아흐탐무 비]	(1인칭 현재 단수) 나는 ~에 관심이 있다

هَنْدَسَةٌ مَعْمَارِيَّةٌ	[한다싸툰 마으마:리:야툰]	건축공학, 건축
رَأْيٌ	[라으윤]	의견
قَصْرٌ	[까쓰룬]	궁, 궁전

마무리 퀴즈 주어진 한국어 뜻과 발음을 참고하여 오늘 배운 아랍어 문장을 써 보세요.

1. 한국에서 가장 유명한 관광지는 어디인가요?
   [마: 아슈하룰 아마:키닜 씨야:히:야티 피: 쿠:리야:]

   ______________________________ ←

2. 경복궁입니다. [후와 "까쓰루 경복"]

   ______________________________ ←

3. 관광을 하고 싶습니다. [우리:두 좌울라툰 씨야:히:야툰]

   ______________________________ ←

정답

1. مَا أَشْهَرُ الْأَمَاكِنِ السِّيَاحِيَّةِ فِي كُورِيَا؟
2. هُوَ "قَصْرُ كِيُونْغ بُوكْ".
3. أُرِيدُ جَوْلَةً سِيَاحِيَّةً.

본 강의 28

رِسَالَةٌ | 편지

Track 28

[리쌀:라툰]

→ 오늘의 대화에서 꼭 알아야 할 목표 문장을 체크해 보세요.

سَلِّمْ لِي عَلَى الْعَائِلَةِ وَالْأَصْدِقَاءِ.	تَحِيَّةٌ طَيِّبَةٌ وَبَعْدُ.
[쌀림 리: 알랄: 아:일라티 왈아쓰디까:이] 가족과 친구들에게 안부 전해 줘.	[타히:야툰 따이:바툰 와바으두] 인사를 전하며.

대화 살펴보기

라일라의 편지를 살펴보세요.

دُبَيٌّ فِي ٧ مَايُو

[두바이유 피: 싸:비아티 마:유:]

5월 7일, 두바이

عَزِيزِي كَرِيمٌ

[아지:지: 카리:문]

친애하는 카림에게

تَحِيَّةٌ طَيِّبَةٌ وَبَعْدُ:

[타히:야툰 따이:바툰 와바으두]

인사를 전하며:

كَيْفَ صِحَّتُكَ؟ أَتَمَنَّى أَنْ تَكُونَ بِخَيْرٍ.

[카이파 씨하투카? 아타만나: 안 타쿠:나 비카이린]

건강은 어떠니? 네가 잘 지내길 바라고 있어.

أَكْتُبُ هَذِهِ الرِّسَالَةَ فِي دُبَيَّ.

[아크투부 하:디히 ㄹ리쌀:라타 피: 두바이야]

나는 두바이에서 이 편지를 쓰고 있어.

أَشْكُرُكَ عَلَى رِسَالَتِكَ الْجَمِيلَةِ.

[아슈쿠루카 알라: 리쌀:라티칼 좌밀:라티]

나에게 아름다운 편지를 써 줘서 정말 고마워.

أَشْكُرُكَ عَلَى دَعْوَتِكَ لِحَفْلَةِ زَوَاجِكَ.

[아슈쿠루카 알라: 다으와티카 리하플라티 자와:지카]

또 너의 결혼식에 나를 초대해 줘서 고마워.

لَكِنْ لَا يُمْكِنُنِي أَنْ أَحْضُرَ إِلَى حَفْلَتِكَ.

[라킨 라: 윰키누니: 안 아흐두라 일라: 하플라티카]

그런데 나는 너의 결혼식에 갈 수 없어.

لِأَنَّنِي الْآنَ فِي دُبَيَّ.

[리안나니: 알아:나 피: 두바이야]

왜냐하면 지금 두바이에 있기 때문이야.

سَأَرْجِعُ إِلَى بَلَدِي فِي نِهَايَةِ الشَّهْرِ الْقَادِمِ.

[싸아르지우 일라: 발라디: 피: 니하:야틧 샤흐릴 까:디미]

나는 다음 달 말에 우리나라로 돌아갈 것 같아.

سَلِّمْ لِي عَلَى الْعَائِلَةِ وَالْأَصْدِقَاءِ.

[쌀림 리: 알랄: 아:일라티 왈아쓰디까:이]

가족과 친구들에게 안부 전해 줘.

صَدِيقَتُكَ الْمُخْلِصَةُ، لَيْلَى

[쏴디:까투칼 무클리쏴투 라일라:]

신실한 너의 친구, 라일라가

대화 파헤치기 대화 속에 들어있는 핵심 문법 사항을 쉽고, 가볍게 정리해 보세요.

1 1인칭 접미인칭대명사 ـي [이:]와 ـنِي [니:]의 구분

ـِي	+	명사
ـنِي		동사 접속사

1) 1인칭 접미인칭대명사 ـِي

رِسَالَتِي [리쌀:라티:] 나의 편지	ـِي	+	명사	رِسَالَةٌ [리쌀:라툰] 편지

2) 1인칭 접미인칭대명사 ـنِي

أُحِبُّنِي [우힙부니:] 나는 나를 좋아한다	ـنِي	+	동사	أُحِبُّ [우힙부] 나는 좋아한다

3) 1인칭 접미인칭대명사 ـنِي

왜냐하면 나는			왜냐하면
لِأَنَّنِي [리안나니:] 왜냐하면 나는	ـنِي +	접속사	لِأَنَّ 왜냐하면

패턴으로 연습하기 오늘의 주제와 관련된 다양한 문장을 익혀 보세요.

이메일 요청하기

هَذَا عُنْوَانُ بَرِيدِي الْإِلِكْتُرُونِيِّ.

[하:다: 운와:누 바리:딜: 일릭투루:니:]

제 이메일 주소입니다.

اِتَّصِلْ بِي.

[읻타씰 비:]

연락 주세요.

أَعْطِنِي عُنْوَانَ بَرِيدِكَ الْإِلِكْتُرُونِيِّ.

[아으띠니: 운와:나 바리:디칼 일릭투루:니:]

이메일 주세요.

우편 이용하기

أُرِيدُ الْبَرِيدَ السَّرِيعَ.

[우리:둘 바리:돳 싸리:아]

빠른 우편이 좋겠네요.

أُرِيدُ الْبَرِيدَ الْمُسَجَّلِ.

[우리:둘 바리:달 무쌎잘리]

등기 우편으로 보내 주세요.

أُرِيدُ الْبَرِيدَ الْجَوِّيَّ.

[우리:둘 바리:달 자우위:야]

항공편으로 보내 주세요.

أُرِيدُ إِرْسَالَ هَذَا الطَّرْدِ إِلَى سِيوُلْ.

[우리:두 이르쌀:라 하:닫: 따르디 일라: 씨:울]

이 소포를 서울로 보내고 싶습니다.

단어 정리하기 오늘 배운 대화 속 단어들을 정리해 봅시다.

아랍어	독음	뜻
عَزِيزِي	[아지:지:]	나의 친애하는
تَحِيَّةٌ طَيِّبَةٌ وَبَعْدُ	[타히:야툰 따이:바툰 와바으두]	인사를 전하며
صِحَّةٌ	[씨하툰]	건강
رِسَالَةٌ	[리쌀:라툰]	편지
دَعْوَةٌ	[다으와툰]	초대
حَفْلَةُ زَوَاجٍ	[하플라투 자와:진]	결혼식
لَا يُمْكِنُنِي	[라: 윰키누니:]	나는 가능하지 않다
أَحْضُرُ إِلَى	[아흐두루 일라:]	(1인칭 현재 단수) 나는 참석하다, ~로 오다

بَلَدٌ	[발라둔]	나라
نِهَايَةُ الشَّهْرِ	[니하:야틋 샤흐리]	월말
قَادِمٌ	[까:디문]	다가오는
سَلِّمْ	[쌀림]	안부 전해 줘(남)
عَائِلَةٌ	[아:일라툰]	가족
أَصْدِقَاءُ – صَدِيقٌ	[솨디:꾼-아쓰디까:우]	친구-친구들
مُخْلِصَةٌ	[무클리솨툰]	신실한(여)

마무리 퀴즈 주어진 한국어 뜻과 발음을 참고하여 오늘 배운 아랍어 문장을 써 보세요.

1. 인사를 전하며. [타히:야툰 똬이:바툰 와바으두]

______________________________ ←

2. 가족과 친구들에게 안부 전해 줘. [쌀림 리: 알랄: 아:일라티 왈아쓰디까:이]

______________________________ ←

정답

1. تَحِيَّةٌ طَيِّبَةٌ وَبَعْدُ.

2. سَلِّمْ لِي عَلَى الْعَائِلَةِ وَالْأَصْدِقَاءِ.

본 강의 29

총정리1 (1강~14강)

Track 29

정리하기

1~14강까지 배웠던 내용들을 한눈에 정리해 보세요.

*성우 성별에 따라 본문과 다른 문장이 있으니 참고해 주세요.

1강 تَحِيَّةٌ [타히:야툰] 인사

اَلسَّلَامُ عَلَيْكُمْ.

[앗쌀라:무 알라이쿰]

안녕하세요.

وَعَلَيْكُمُ السَّلَامُ.

[와알라이쿠뭇 쌀라:무]

안녕하세요(대답).

2강 تَعْرِيفٌ بِنَفْسِهِ [타으리:푼 비낲씨히] 자기소개

مَا اسْمُكَ؟

[마: 이쓰무카]

당신의 이름은 무엇입니까?

اِسْمِي كَرِيمٌ.

[이쓰미: 카리:문]

제 이름은 카림입니다.

3강 جِنْسِيَّةٌ [쥔씨:야툰] 국적

مِنْ أَيْنَ أَنْتَ؟

[민 아이나 안타]

당신은 어디 출신입니까?

أَنَا مِنْ كُورِيَا.

[아나: 민 쿠:리야:]

저는 한국 사람입니다.

4강 جَوٌّ [좌우운] 날씨

كَيْفَ الْجَوُّ الْيَوْمَ؟

[카이팔 좌우울 야우마]

오늘 날씨는 어떻습니까?

اَلْجَوُّ مُمْطِرٌ.

[알좌우우 뭄띠룬]

비가 옵니다.

5강 شُكْرًا [슈크란] 감사합니다

شُكْرًا.

[슈크란]

감사합니다.

عَفْوًا.

[아프완]

천만에요.

6강 عِنْدَ [인다] 소유 표현

هَلْ عِنْدَكَ كُرَةٌ؟

[할 인다카 쿠라툰]

당신에게 공이 있나요?

نَعَمْ، عِنْدِي كُرَةٌ.

[나암, 인디: 쿠라툰]

네, 저에게 공이 있습니다.

7강 شَخْصِيَّةٌ [샤크씨:야툰] 성격

هَلْ هِيَ لَطِيفَةٌ؟

[할 히야 라띠:파툰]

그녀는 착합니까?

نَعَمْ، هِيَ لَطِيفَةٌ.

[나암, 히야 라띠:파툰]

네, 그녀는 착합니다.

8강 هِوَايَةٌ [히와:야툰] 취미

مَا هِوَايَتُكَ؟

[마: 히와:야투카]

당신의 취미는 무엇인가요?

أُحِبُّ أَنْ أَطْبُخَ.

[우힙부 안 아뜨부카]

저는 요리하는 것을 좋아합니다.

9강 رِيَاضَةٌ [리야:돠툰] 운동

أَيَّ رِيَاضَةٍ تُحِبُّ؟

[아이야 리야:돠틴 투힙부]

무슨 운동을 좋아하나요?

أُحِبُّ كُرَةَ السَّلَّةِ.

[우힙부 쿠라탔 쌀라티]

농구를 좋아합니다.

10강 سَاعَةٌ [싸:아툰] 시간

كَمِ السَّاعَةُ الْآنَ؟

[카밌 싸:아툴 아:나]

지금 몇 시입니까?

السَّاعَةُ الرَّابِعَةُ وَخَمْسُ دَقَائِقَ.

[앗싸:아투 ㄹ라:비아투 와캄쑤 다까:이까]

4시 5분입니다.

11강 شُعُورٌ [슈우:룬] 감정1

مَا رَأْيُكَ فِي تِلْكَ السَّيَّارَةِ؟

[마: 라으유카 피: 틸캈 싸이야:라티]

저 차 어때요?

مُمْتَازَةٌ! هَيَّا نَذْهَبْ إِلَى هُنَاكَ.

[뭄타:자툰! 하이야: 나드합 일라: 후나:카]

멋져요! 우리 저쪽으로 가 봐요.

12강 عَاطِفَةٌ [아:띠파툰] 감정2

أَنَا مَسْرُورٌ بِلِقَائِكِ.

[아나: 마쓰루:룬 빌리까:이키]

만나서 반갑습니다.

أَنَا مَسْرُورَةٌ بِمَعْرِفَتِكَ.

[아나: 마쓰루:라툰 비마으리파티카]

당신을 알게 되어 기쁩니다.

13강 رَأْيٌ [라으윤] 의견

مَا رَأْيُكِ فِي هَذَا الْكِتَابِ؟

[마: 라으유키 피: 하:달: 키타:비]

이 책에 대해 어떻게 생각하나요?

يُعْجِبُنِي هَذَا. شُكْرًا.

[유으쥐부니: 하:다:. 슈크란]

제 마음에 듭니다. 감사합니다.

14강 مَوْعِدٌ [마우이둔] 약속

هَلْ عِنْدَكَ مَوْعِدٌ يَوْمَ الْخَمِيسِ؟

[할 인다카 마우이둔 야우말 카미:씨]

목요일에 약속이 있나요?

لَا، لَيْسَ عِنْدِي.

[라: 라이싸 인디:]

아니요. 없습니다.

본 강의 30

총정리2 (15강~28강)

Track 30

정리하기

15~28강까지 배웠던 내용들을 한눈에 정리해 보세요.

*성우 성별에 따라 본문과 다른 문장이 있으니 참고해 주세요.

15강 مُغَارَضَةٌ، مُوَافِقٌ [무와:피꾼], [무가:라돠툰] 찬성, 반대

هَلْ يُمْكِنُنَا أَنْ نَذْهَبَ إِلَى شَاطِئِ الْبَحْرِ؟

[할 윰키누나: 안 나드하바 일라: 샤:띠일 바흐리]

우리 해변에 갈 수 있나요?

آسِفٌ. أَنَا مَشْغُولٌ جِدًّا.

[아:씨푼. 아나: 마슈굴:룬 쥗단]

죄송합니다. 제가 매우 바쁩니다.

16강 أَتَمَنَّى [아타만나:] 소망

أَتَمَنَّى لَكِ رِحْلَةً سَعِيدَةً.

[아타만나: 라키 리흘라탄 싸이:다탄]

즐거운 여행 되시길 바랍니다.

شُكْرًا.

[슈크란]

감사합니다.

17강 تَسَوُّقٌ [타싸우:꾼] 쇼핑1

مَا مَقَاسُكَ؟

[마: 마까:쑤카]

당신은 어떤 사이즈를 입나요?

أَلْبَسُ لِبَاسًا كَبِيرَ الْحَجْمِ.

[알바쑤 리바:싼 카비:랄 하즈미]

저는 라지 사이즈를 입습니다.

18강 تَسَوُّقٌ [타싸우:꾼] 쇼핑2

بِكَمْ هَذَا؟

[비캄 하:다:]

이것은 얼마인가요?

بِخَمْسِينَ دِينَارًا.

[비캄씨:나 디:나:란]

50디나르입니다.

19강 مُكَالَمَةٌ [무칼:라마툰] 통화

آلُو. مَنْ يَتَكَلَّمُ؟

[알:루:. 만 야타칼라무]

여보세요. 누구신가요?

لَحْظَةً، لَوْ سَمَحْتَ.

[라흐돠탄, 라우 싸마흐타]

잠시만 기다려 주세요.

20강 مُسْتَشْفًى [무쓰타쉬판:] 병원

أَنَا مَرِيضٌ.

[아나: 마리:둔]

저는 아픕니다.

سَتَتَحَسَّنُ، إِنْ شَاءَ اللهُ.

[싸타타핬싸누, 인 샤:알라후]

당신은 괜찮아질 거예요. 신의 뜻에 따라.

21강 فُنْدُقٌ [푼두꾼] 호텔

أَيَّ نَوْعٍ مِنَ الْغُرَفِ تُرِيدُ؟

[아이야 나우인 미날 구라피 투리:두]

어떤 종류의 방을 원하십니까?

أُرِيدُ غُرْفَةً هَادِئَةً.

[우리:두 구르파탄 하:디아탄]

조용한 방으로 주세요.

22강 مَطْعَمٌ [마뜨아문] 식당

مَاذَا تُرِيدُ؟

[마:다: 투리:두]

당신은 무엇을 원하십니까?

أُرِيدُ كَبَابًا وَشُرْبَةً

[우리:두 카바:반 와슈르바탄]

저는 케밥과 스프를 원합니다.

23강 مُوَاصَلَاتٌ عَامَّةٌ [무와:쌀라:툰 암:마툰] 대중교통

كَيْفَ أَذْهَبُ إِلَى مَتْحَفٍ وَطَنِيٍّ؟

[카이파 아드하부 일라: 마트하핀 와따니:인]

국립 박물관에 어떻게 가나요?

اِرْكَبِي الْأُتُوبِيسَ مِنْ هُنَا.

[이르카빌: 우:투:비:싸 민 후나:]

여기에서 버스를 타세요.

24강 عِيدُ مِيلَادٍ [이:두 밀:라:딘] 생일

أَهْلًا وَسَهْلًا فِي بَيْتِي.

[아흘란 와싸흘란 피: 바이티:]

저희 집에 오신 것을 환영합니다.

عِيدُ مِيلَادِكَ سَعِيدٌ!

[이:두 밀:라:디카 싸이:둔]

생일 축하합니다!

25강 عِيدٌ [이:둔] 명절

عِيدٌ مُبَارَكٌ.

[이:둔 무바:라쿤]

축복받은 명절 되시길 바랍니다.

كُلُّ عَامٍ وَأَنْتُمْ بِخَيْرٍ.

[쿨루 아:민 와안툼 비카이린]

당신이 매년 잘 지내길 바랍니다.

26강 رِحْلَةٌ [리흘라툰] 여행

سَأُسَافِرُ إِلَى مِصْرَ مَعَ أُسْرَتِي.

[싸우싸:피루 일라: 미쓰라 마아 우쓰라티:]

저는 저의 가족과 함께 이집트로 여행할 예정입니다.

أَتَمَنَّى لَكَ رِحْلَةً سَعِيدَةً.

[아타만나: 라카 리흘라탄 싸이:다탄]

좋은 여행 되시길 바랍니다.

27강 سِيَاحَةٌ [씨야:하툰] 관광

مَا أَشْهَرُ الْأَمَاكِنِ السِّيَاحِيَّةِ فِي كُورِيَا؟

[마: 아슈하룰 아마:키닜 씨야:히:야티 피: 쿠:리야:]

한국에서 가장 유명한 관광지는 어디인가요?

هُوَ "قَصْرُ كِيُونْغ بُوكْ".

[후와 "까쓰루 경복"]

경복궁입니다.

28강 رِسَالَةٌ [리쌀:라툰] 편지

تَحِيَّةٌ طَيِّبَةٌ وَبَعْدُ.

[타히:야툰 똬이:바툰 와바으두]

인사를 전하며.

سَلِّمْ لِي عَلَى الْعَائِلَةِ وَالْأَصْدِقَاءِ.

[쌀림 리: 알랄: 아:일라티 왈아쓰디까:이]

가족과 친구들에게 안부 전해 줘.

시원스쿨닷컴

<Reference>

- Elementary Modern Standard Arabic:
  Abboud, Peter F., McCarus, Ernest N.|Cambridge University Press
- EBS 수능특강 아랍어
- 교육과학기술부 : اللغة العربية